ヤンキー経済／目次

第3章 ヤンキー135人徹底調査 95

第4章 これからの消費の主役に何を売るのか 159

構成　稲田豊史
イラスト　本田佳世
図版作成・ＤＴＰ　美創

序章　マイルド化するヤンキー

〜悪羅悪羅系残存ヤンキーとダラダラ系地元族〜

ヤンキーは絶滅危惧種

最近、「『ヤンキー』を街で見かけなくなったなあ」と思っている方はいませんか？
今、日本全国で「ヤンキー」が減っているのです。

ヤンキーと言えば、一般的には「自販機やコンビニの前でウンコ座りする怖い不良」「反社会的な言動」「金髪」「ツッパリ」「リーゼント」「パンチパーマ」「ボンタン」「シンナー」「暴走族」「改造車」「改造バイク」などをイメージされるかもしれませんし、最近の言葉では「DQN[*1]（ドキュン）」「悪羅悪羅[*2]（オラオラ）系」「タトゥー（刺青）」といったワードが思い浮かぶ方もいるでしょう。

関連語として、チームでつるむ「チーマー」、ヒップホップ文化における「ギャングスタ」、チームカラーが設定された「カラーギャング」、ヤクザの予備軍を指す「輩《やから》」、関東連合の事件などで話題になった「半グレ（暴力団ほど明確な組織・拠点のない犯罪集団）」を想像する方もいらっしゃるかもしれません。

ヤンキーの発祥については諸説ありますが、ヤンキーという言葉が使われ始めたのは1970年代という説が濃厚です。難波功士さんの著書『ヤンキー進化論』（光文社）によれば、ヤンキー・ファッションは70年代に広まったと考えられ、80年代以降、暴走族の私服（ヤンキー・スタイル）として定型化していったとされています。

そうして一般に広まっていったヤンキーは、漫画やドラマなどのエンタメコンテンツにもよく登場する存在でした。漫画『ビー・バップ・ハイスクール』（きうちかずひろ作・「週刊ヤングマガジン」に83〜03年連載）は、たび重なる映画化によって1980年代における〝不良〟〝ヤンキー〟像を確立しました。また、漫画『ろくでなしBLUES』（森田まさのり作・「週刊少年ジャンプ」に88〜97年連載）も、80年代末から90年代にかけて同様の役割を果たしています。

ほかにも、ヤンキーをフィーチャーしたフィクションはたくさんあります。漫画では『スケバン刑事《デカ》』『湘南爆走族』『ホットロード』『ヤンキー烈風隊』『今日から俺は!!』『湘南純愛組!』『ROOKIES』『クローズ』『ドロップ』（以上、ドラマ化・映画化・アニメ化されたもの多数）、ドラマでは『スクール☆ウォーズ』『積木くずし』『不良少ありません。

女とよばれて』『はいすくーる落書』など。ざっと思いつくだけでも、枚挙にいとまが

1977年東京生まれの私にとっても、ヤンキーは今より身近な存在でした。たとえば、小学校の同級生のK君は、当時から性に対する知識が豊富な早熟タイプで、中学生のときに完全に不良となり、上の学年の不良や違う学校の不良たちとつるみ始めました。そして、高校を中退し、16歳で暴走族に入ったのです。

その彼と、先日20年ぶりくらいにFacebookでつながったのですが、見た目は今でもヤンキー性の抜けない悪そうなおじさん。職業は風俗とアパレルの会社経営。しかも、彼のFacebookのトップページは、昔、暴走族同士の抗争で亡くなった仲間の墓前に献げた花。つい先日、投稿された写真も、かつてバイク事故で亡くなった後輩の命日に、当時の仲間と特攻服で暴走しているものでした。

ちなみに、彼自身もそのバイク事故で片足をなくし、義足で生活しています。先日、久しぶりに飲みましたが、日常生活にはまったく支障がないし、「何があっても自己責

任という覚悟があったから、全然後悔していない」と言っていました。

そんな36歳になっても消えることのないヤンキー魂を持つK君は、20歳前後の今のヤンキーたちと地元で付き合っているのですが、「最近の若者はよくわからん」と首を傾げています。

K君がかつて行った抗争について彼らに話しても、まったく憧れられないばかりか、「た、大変ですね」とドン引きされ、「若いうちは暴走しろ」と説いても「ルールは破りたくないっす」「人に迷惑はかけたくないっす」「警察に捕まるのは嫌っす」と、やりたくないの一点張り。

改造されたバイクは好きで乗るのに、暴走族には絶対に入りたくない、と言い（実際、日本全国で「暴走族」は減り、高齢化して、代わりに「旧車會《きゅうしゃかい》」と呼ばれる、暴走族仕様の改造を施された古いバイクでツーリングする組織に入る若者たちが増えています）、彼が若い頃に憧れた『ビー・バップ・ハイスクール』や『ろくでなしBLUES』を無理やり読ませても、「今っぽくなくて共感できないっす」と言われる始末。

彼がキャバクラに連れていってやる、と言っても、K君の懐を気遣ってか、キャバクラよりもお金のかからないガールズバーに行きたがり、ガールズバーに行っても、女性をがつがつ口説くわけでもないと言います。

K君のような従来型のヤンキーはゼロ年代後半以降、明らかに減ってきているのです。

やさしくマイルドになったヤンキー

私は博報堂ブランドデザイン若者研究所という組織のリーダーで、若者の消費行動やライフスタイルの研究と、若者向けマーケティングを行っています。若者向けマーケティングとは、若者向け商品の開発や、若者向け商品の広告・コミュニケーション戦略の立案などのことです。

若者研（こう略しています）には100名を超える一般の若者たち（高校生〜若手社会人）が所属していて、「若者が本当に買いたいと思うものは売れる」という哲学のもと、彼らと一緒にこれらの業務を遂行しています。

マーケティングの世界では「with C（コンシューマーの略で消費者という意味）」と

いう概念がありますが、まさにそれを実践している組織です。

これまでにも若者向けの車、タバコ、飲料、トイレタリー商品、テレビ番組、あるいは、それらの広告・コミュニケーション戦略を作ってきました。

こうした若者たちとの協働が面白くて効果的だと、幸いなことに、さまざまな業種からの協働のご依頼が殺到し、朝日新聞朝刊土曜版「be」の看板企画である「フロントランナー」（2013年9月14日付）でも「若者研」が取り上げられたり、私が出した『さとり世代 盗んだバイクで走り出さない若者たち』（角川oneテーマ21）という本をきっかけに、「さとり世代」という言葉が2013年の新語・流行語大賞の候補にノミネートされたりするなど、さまざまな企業・メディアからの取材依頼が途切れない状況が続いています。

若者研に所属している若者たちは、首都圏を中心とした比較的高学歴の学生たちが大半ですが、彼らと一緒に47都道府県を頻繁に回り、高校中退者などを含めたさまざまな社会階層の若者たちへの調査や商品開発なども行っています。

このような仕事をしているため、２００５年頃から今に至るまで、のべ１０００人以上の若者たちに膨大なインタビュー調査をしてきましたが、その体感からも、かついわゆる下流[*3]の若者に多くいたはずの典型的なヤンキーが、全国的に減っているのは明らかだと言えます。

今のヤンキーたちは、気さくにインタビューに応じてくれるなど、全体的にいい人が多く、やさしくマイルドになってきているのです。犯罪に手を染める人も減っていますし、社会や大人への反抗心をむき出しにする人もめったにいません。

私のインタビュー調査は、根掘り葉掘り、かなりプライベートな深いところまで聞き込みますし、彼らの家に上がり、部屋の隅々まで見せてもらうのですが、彼らにガンを付けられたこともほとんどありません。

ヤンキー全盛期の頃に私のような調査手法を用いてインタビューをしていたら、私はヤンキーたちに「フルボッコ」（一方的にボコボコにされること）にされていたかもしれませんので、本当にいい時代になったと思います。

法務省の「平成25年版　犯罪白書のあらまし」によると、少年による刑法犯の検挙人員は１９８４年以降、95年まで減少傾向にあり、その後若干の増減を経て２００４年から毎年減少を続けています。２０１２年の検挙人員は10万１０９８人、前年比12・９％減であり、１９４６年以降、最も少ない数字だそうです。「若者の数が減っているせいなのでは」と思われるかもしれませんが、人口比で見た検挙人員も２００４年から毎年低下し、２０１２年は、最も人口比の高かった１９８１年の半分以下になっています。ヤンキーのマイルド化の一端を示すデータと言えるでしょう。

優良消費者である残存ヤンキーと地元族

マイルドになった今のヤンキーは、大きく二つのタイプに分かれます。

一つは、私が「残存ヤンキー」と呼んでいる人たち。要は昔のままの姿で今も残っているヤンキーで、現在では絶滅危惧種になっている人たちです。

「昔のまま」とは言ったものの、先ほど述べたように、中身は大変マイルドになっている人が大多数であり、見た目も昔のヤンキーに比べるとおとなしく、むしろオシャレになっています。

「SOUL Japan」（ミリオン出版）

昔のヤンキーの象徴がリーゼントとボンタンだとすると、今のヤンキーの象徴はＥＸＩＬＥのようなファッションスタイルです。雑誌「ＳＯＵＬ Ｊａｐａｎ（ソウルジャパン）」（ミリオン出版）のような悪羅悪羅したビジュアルと言えばわかりやすいかもしれません。

もう一つは、私が「地元族」と名づけている人たちです。

彼らのなかには、おそらく昔であればヤンキーのカテゴリーに入っていた人も多かったように思いますが、今では見た目がまったくヤンキーではなくなっています。人間関係が狭く、中学校時代などの少人数の地元友達とつるむ、といった点は昔のヤンキーと同じですが、ぱっと見では、今どきの普通の若者と大差がありません。地元のファミレスや居酒屋や仲間の家でダラダラ過ごすのが大好きです。しかし、内心ではＥＸＩＬＥの放つ多少のヤンキー性には憧れを持っていたりするのです。

ここで言う地元とは、生まれ育った地域のことです。県単位・市単位のように広いエ

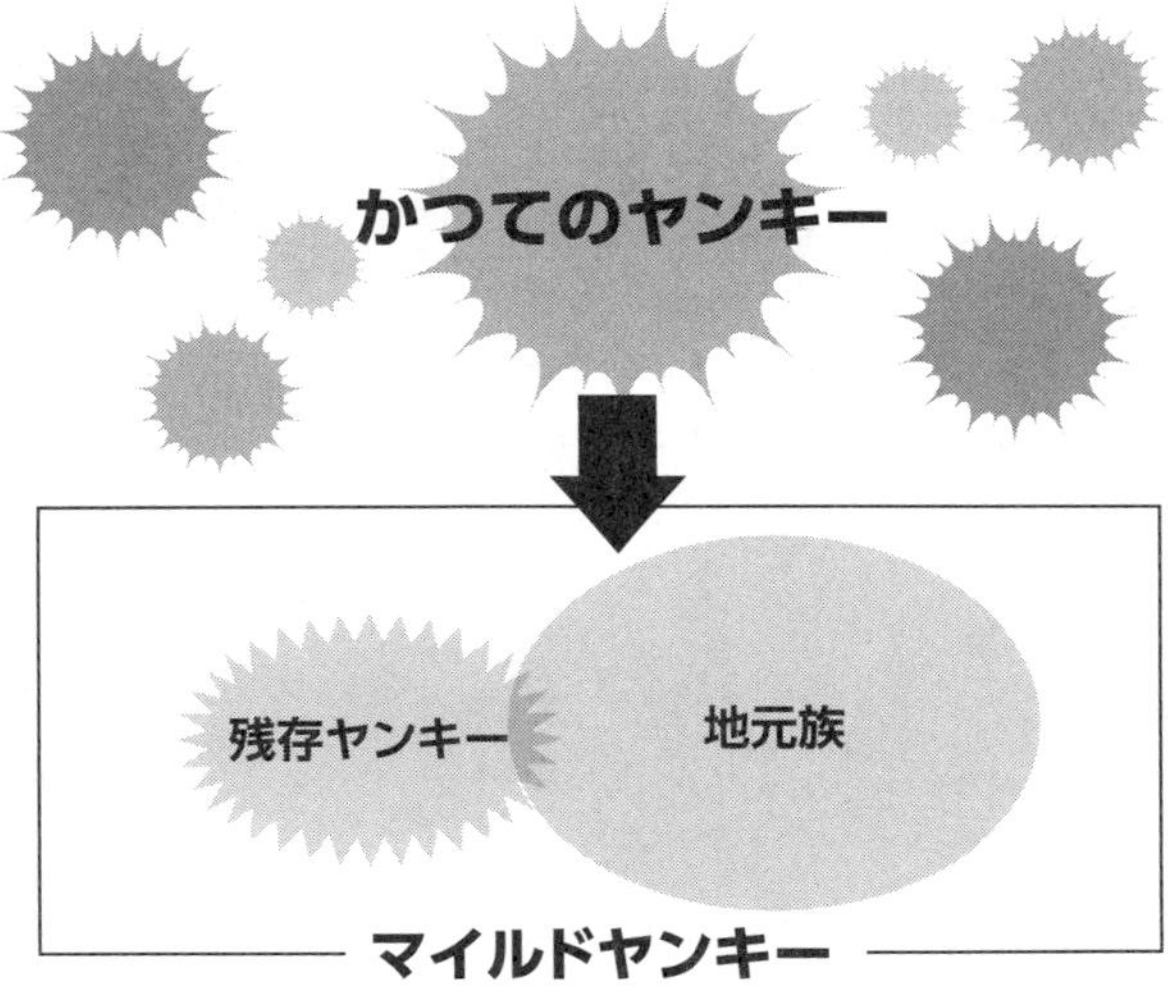

〈残存ヤンキー〉　〈地元族〉

リアではなく、５㎞四方の小中学校の学区程度を想像してください。もちろん、東京で生まれ育った人にも、家から５㎞四方や、最寄り駅の周辺を指す地元はありますので、地元＝地方とは限りません。

なお、活動範囲が５㎞四方の地元であるという点は、残存ヤンキーにも共通している性質です。

先日、私は群馬でマイルドヤンキーの若者を対象とした調査を行いましたが、派手な改造車をほとんど見かけませんでした。少なくとも10年前までは、「北関東と言えば改造車」という状況があったと思いますが、ヤンキーが減少・マイルド化することによって、ずいぶんと変わってしまったのです。

たまに見かけた改造車も、昔に比べると明確に改造がわかるものではなく、細かいパーツや内装をいじるなど一見して判別しにくいものになっていて、調査に同行した群馬出身のクライアントの方がかつてとの違いに驚いていたことが印象的でした。

このように、今のヤンキーは、かつてのヤンキーと比べると、見栄やメンツを周囲に示すことは少なく、基本的にはマイルドでやさしく、消費も小粒になってきてはいます。

とはいえ、若者のパチンコ離れやタバコ離れが叫ばれるなか、パチンコやスロットをやっている人や喫煙者、お酒や車やバイクに興味が残っている人の比率が同世代の周りの人と比較して高い、という事実もあります。

人口が少なくなり、消費意欲が減っていると言われる「さとり世代」の若者たちのなかで、このマイルドヤンキーたちは、少なくとも同世代の若者たちに比べると、企業にとっては実は優良な消費者です。私がこの層を研究するのは、まさにこうした理由があるからなのです。

『ろくでなしBLUES』が成立しない時代

もちろん、かなりの地方に行けば、今でも「前田敦子命」というシールデコが施されたバイクや、今や完全に時代錯誤の感がある〝竹槍出っ歯〟の改造車に出くわすこともないことはありません。昔ながらのヤンキーカルチャーです。

たとえば「前田敦子命」というシールが貼られたバイクのオーナーは、秋田県能代《のしろ》市

秋田県能代市で取材に応じてくれた、残存ヤンキーの愛車

に住む23歳の男性で、完全な残存ヤンキーです。中学卒業後、とび職や地元の先輩が経営する飲食店などを転々とし、何度か逮捕歴もあるようです。

しかし、そんなコワモテな彼ですが、私が調査に行くと、初対面にもかかわらず私を自宅に招き入れてくれますし、タバコを吸いながら素直に自分のことをしゃべってくれます。

彼の部屋に上がり込んだ私が、たまたまエッチなDVDを見つけると、恥ずかしそうにはにかんでいました。

彼らは大人たちにあまり反抗しません。なぜ反抗しないかの考察については、後の章で触れますが、少なくとも、かつて『ろくでなしBLUES』に描かれたようなハードコアな侠気《おとこぎ》や、体制に対する目に見える反抗精神は減っているのです。

地元にこだわる新保守層

マイルドヤンキーを簡単に説明するなら、「上『京』志向がなく、地元で強固な人間関係と生活基盤を構築し、地元から出たがらない若者たち」のことです。

かつてのヤンキーにも地元志向はあったと思います。地元の悪い友達——たとえば同じ中学の不良友達など——とつるみ、地元での縄張り意識を持ち、結婚してからの家族・友人関係も徹底して地元で育《はぐく》み、地元友達と家族ぐるみで付き合う。地元のお祭りで、ヤンキーや元ヤンの若者たちが気勢を上げているのを見かけたことがある方もいると思いますが、まさにあのようなイメージです。

ただ、昔のヤンキーは地元志向を持ちつつも、心のなかでは上京・上昇志向を持っていた人も多かったように思います。本当は東京でビッグになりたいけれど、いたしかたなく地元にいる。一部の自信と行動力のある人間は、矢沢永吉の著作『成りあがり[*4]——

矢沢永吉激論集』（小学館・1978年刊行）のように、一旗揚げようと実際に都会へ行き、一方で大多数は密かに上京志向を持ちながらも地元にこもっていたのではないでしょうか。

だから、地元に残るヤンキーは、「地元から出ようにも出られない奴」と、言わば負け組のような扱いを受けたケースもあったかもしれませんし、上京した若者をひがむ人もいたことでしょう。

しかし、今は「東京か田舎か」といった単純な二項対立は成立しなくなっています。なぜなら、マイルドヤンキーの彼らは、「地元を出たくても出られない」のではなく、「絶対に地元を出たくない」からです。彼らが大事にしているのは、生まれ育った土地に根ざした同年代の友人たちと、そこで育まれてきた絆《きずな》意識、家族と地域を基盤とした毎日の平穏な生活。それこそが、彼らにとって最も価値のあるものなのです。

地縁を大切にするという非常に保守的な、まるで戦前の日本にでも立ち返ったようなコンサバティブな意識。マイルドヤンキーとは、かつてのヤンキーとはまた違う「新保守層」と呼ぶこともできましょう。

マイルドヤンキーの消費がこれからの日本を支える

本書では、残存ヤンキーと地元族で構成されるマイルドヤンキーたちが、どんな金銭感覚を持っていて、どんな消費行動をとっているのか、ということを明らかにしていきます。

ゼロ年代、特に2008年のリーマン・ショック以降は、若者が消費をしない、趣味にお金を使わなくなっていると言われてきました。本やCDといったパッケージソフトを買わなくなり、旅行や各種レジャーにも消極的で、車離れが進み、お酒も飲まず、ファッションにも昔の若者ほどお金をかけないとされています。

これにはいくつかの理由があります。一つは、ネット等のITインフラが整ったことで、特にソフトのジャンルにおいて、合法・違法問わずタダでさまざまな娯楽が手に入るようになったこと。もう一つは、長引く不況によって、若者の給料が減ったり、若者の間で非正規雇用者が増えたりと、娯楽費や遊興費に充《あ》てる金銭的余裕のない若者が増えたことです。

その受け皿として登場し、瞬く間に彼らに受け入れられていったのが、激安居酒屋やファストファッションブランド、コンビニのプライベートブランド、無料の携帯ゲームといった、少ない費用で享受できる飲食、趣味や文化、いわゆる〈デフレカルチャー〉というわけです。

マイルドヤンキーたちも、他の一般的な若者同様、消費離れの傾向がまったくないわけではありません。しかし、よく調べていくと、彼らの独特な消費活動の傾向が見えてきました。

その基底にあるのは、地元での生活や地縁をキープできるような消費ならば喜んでする、という強固な消費意識です。そして前述したとおり、同世代の一般的な若者たちよりも総じて消費意欲が旺盛で、優良な消費者だということです。

一例を挙げるならば、若者の車離れが叫ばれて久しいですが、マイルドヤンキーは必ずしも車への興味を失ったわけではありません。かつてのヤンキーや車好きとは嗜好の傾向が違うだけです。

80年代や90年代において、特に若者男性にとって車とは、自分を誇示するステータスシンボルでした。彼らの憧れは、ツーシーターのスポーツカーやそれを模した車や高級セダン、もしくはブランド感のある外車だったのです。車は、不特定多数の他者に自分を強く、かっこ良く見せるためのツールであり、身も蓋《ふた》もないことを言ってしまえば、女の子にモテるための道具でもありました。

しかし現在のマイルドヤンキーには、その発想はあまりありません。彼らは、大人数が快適に乗車することのできるミニバンを好みます。高級志向はあっても、それは車のスピードやブランド感ではなく、広さや快適さに向かっています。なぜなら、自分の大切な地元友達や家族に示すことができるホスピタリティの方が、彼らにとっては大事だからです。

地縁を大切にする彼らにとって、スポーツカーや高級外車が与えてくれる「見知らぬ他人への見栄」は昔ほど意味をなさなくなっています。

ステイタス志向は弱まっているものの、一方でファッションテイストとして「ヤンキー性」を求める傾向が生まれてきています。

たとえば、ファミリーユースのミニバンであっても、好まれる外装の傾向を探ると、彼らは多少のやんちゃ感を求めていることが調査からわかってきました。タバコでも、「軽薄短小」からは程遠いマッチョイズムを想起させるタールの強いタバコが好まれることもわかってきました。音楽では、悪羅悪羅系ファッションや地縁・仲間至上主義的な思想を内包したEXILEが圧倒的な人気を誇っています。

マイルドヤンキーたちの、地元を出たくないという意識は、電車で都心に出て最先端のセレクトショップを探索したりはしない、ということを意味しています。そんな彼らが好んで行くのは、車で行けるショッピングモールです。これらは特にゼロ年代に入ってから、日本の郊外・地方都市を中心に急激に増加していきました。イオンなどに代表されるメガモールは、鉄道の駅から離れた場所に建てられることが多く、何千台ものキャパシティがある駐車場を備えています。

彼らはこのメガモールに地元友達と、主に車で遊びに行くのを大きな楽しみとしています。特に家族を持ち始めたマイルドヤンキーにとって、そこは自らの消費意欲を満たしてくれる、最も身近で理想的なスポットなのです。

都心の高感度層・高学歴層の若者が、ケータイやソーシャルメディアによって広がった人間関係をメンテナンスするための社交消費、具体的にはカフェ代や飲み会代といったような頻繁な小さい消費に追われて、「モノ」を買わなくなっている現状に比べ、マイルドヤンキーは車、タバコ、ショッピングモールでの買い物などで消費をしているのです。

本書はそこに着目し、かつてのヤンキーが変容した形としての新保守層＝マイルドヤンキーの実態と嗜好を明らかにします。また、彼らの特徴的な消費活動について考察し、彼らに受け入れられそうな商品やサービスのアイデアも提案してみました。

この本の作成にあたっては、135名のマイルドヤンキーの若者たちへの調査をもとにしました。今回調査した社会人として若手の、あるいはまもなく社会人デビューするマイルドヤンキーたちは、間違いなく、これからの日本社会における有力な消費者となっていくでしょう。彼らの価値観・結婚観・家族観・人生観が、今後、長きにわたる消費のメインストリームとなり、新しいヒット商品やサービスを生み出していくであろうと私は予測しています。

若者たちが消費をしなくなり、なかなか自社商品が若者たちの間でヒットしないと悩んでいる企業も多いと思います。ぜひ、この本をお読みいただき、自社商品を若者たちにヒットさせるヒントを読みとっていただければ幸いです。

＊1―DQN（ドキュン）……ネットを発祥とするスラングの一つで、かつてテレビ朝日系で放送されていたドキュメンタリー番組『目撃！ドキュン』（1994〜2002年放映）を語源とする言葉。同番組に、素行の悪いヤンキーや、できちゃった婚の若い夫婦といった下流（注＊3参照）の若者が多く登場したことから、彼らへの呼称として用いられるようになった。

＊2―悪羅悪羅（オラオラ）系……雑誌「SOUL Japan」（ミリオン出版）などが主に提唱する男性ファッションや行動様式の一形態。日焼けした肌、短髪、黒系の服にシルバーアクセ、マッチョな体といった肉食系な男性性を前面に出し、女性に対しても「男らしさで牽引する」というアプローチを心がける。ファッション面で言うなら、EXILEがその典型。

＊3―下流……マーケティング・アナリスト、消費社会研究家の三浦展《あつし》氏が2005年に著書『下流社会　新たな階層集団の出現』（光文社新書）で提唱した階級概念。所得だけでなく労働意欲や向上心も低い層のこと。

＊4―『成りあがり――矢沢永吉激論集』……当時28歳だった矢沢永吉の少年時代からの軌跡を描いた自伝。「上京物語」「成功物語」の代名詞的なタレント本としてベストセラーとなり、社会現象化。「ビッグになりたい」と願う当時のヤンキー少年たちにとって心のバイブルとなった。

第1章 地元から絶対に離れたくない若者たち

~マイルドヤンキー密着調査~

残存ヤンキーと地元族で構成されるマイルドヤンキーが、かつてのヤンキーとどのように違うのか、序章で大枠を把握していただけたと思います。地元志向に加えて、ファッションや態度に悪羅悪羅性を残しながらも、社会への反抗精神が大きく減退した残存ヤンキー。上「京」志向に乏しく、地元での人間関係維持を最優先にしたライフスタイルを重視する地元族。いずれも、ゼロ年代後半以降に増加した、新しい若者タイプの一潮流です。

この章では、私が実際に調査したマイルドヤンキーのなかでも、特に典型的だと思われる地元族を3例と、残存ヤンキーを1例紹介します。20代の地元族夫婦が2組と、20歳前後の地元族の若者集団が1組。そして残存ヤンキーの23歳の男性です。年長の読者のなかには、本章を読んで驚かれる方もいらっしゃるかもしれませんが、ことさら特殊なケースではないことを、あらかじめ申し上げておきます。マイルドヤンキー特有のリアルな思考回路や価値観を、ここから汲み取ってください。

東京に行く意味って何かありますか？

まずは、兵庫県高砂《たかさご》市に住む地元族の夫婦をご紹介します。

夫婦はともに25歳、共働きで子供はまだいません。休日にはスーパーのマックスバリュに夫婦で出かけます。奥さんは2週間に1回程度、すぐ近くに住む母親と一緒に、イオンやイトーヨーカドーやニトリに出かけるそうです。

旦那さんは高砂市に隣接する加古川《かこがわ》市の出身で、奥さんは高砂市出身です。結婚前、ふたりが今後どこに住むかを話し合ったとき、旦那さんは「東加古川の駅前で地元友達と飲むことが多いから、絶対、加古川から出たくなかった」そうです。

ところが、すでにカカア天下の片鱗があったこのカップルでは旦那さんの意見は通らず、最終的に奥さんの希望どおり、奥さんの実家のある高砂市に賃貸で住むことになりました。旦那さんにしてみると、このときの「地元を離れる」という決断が、それまでの人生で一番のアドベンチャーだったそうです。

しかし、旦那さんが希望していた加古川エリアと今の新居のある高砂エリアは、距離にして車で5分くらいしか離れていません。私に言わせれば地元を離れたようには見えず、アドベンチャーなどと、何をそんなに大げさな……とも思いますが、彼にとっては人生の大きな決断だったようです。この強烈かつ狭い地元志向こそ、「地元族」の特徴の一つです。

この夫婦に出会った調査には、40代半ばのバブル世代の男性が同行していたのですが、彼は明らかに「この旦那さんはいったい何を言ってるんだろう？」という顔をしていました。

不思議そうな表情のその男性は、強烈な内向き志向を示す旦那さんに対し、

「君は海外に行ってみたいと思わないの？」

といきなり質問をしたのです。バブル世代の彼からすれば、きっとご自分もそうだったように、若者は海外に憧れて当然、という前提があったのだと思います。ところが旦那さんの回答は、

「え？　なんで海外に行かないといけないんですか？」

というもの。「どうしてこの人は、加古川の話をしているのに、何の関係もない海外の話をいきなりしてくるんだろう？」と思っている様子で、心の底からキョトンとして

いるようでした。それを聞いたバブル世代の男性は、「さすがにいきなり海外の話は極端すぎたか。せめて国内の都会の話にすべきだったか」と反省したのか、続いて、

「君は東京に行きたくないのかい？」

と質問したのです。

ところが、旦那さんは、

「だから、なんで行かなきゃいけないんですか？　だって、僕、加古川の人間ですよ？今、住んでいるのも高砂です。東京に行く意味がどこにあるんですか？」

という回答。まさかの反応にバブル世代の男性は若干ひるみつつも、「さすがに関西人に東京は、心理的距離が遠すぎたか」と思い直したのか（彼のこの思考には、「若者は都会に憧れるものだ」という認識があります）、今度は、

「ああ、そう。確かに関西から東京は遠いしね。じゃあ、大阪にはよく行くんだろう？」

と聞いていました。すると、旦那さんはやっぱり、

「いや、だから僕、兵庫県の人間なんで、どうして大阪に行く必要があるんですか？」

という回答。さすがのバブル世代の男性も、一見してわかるほど動揺していましたが、

最後の力を振り絞って、

「じゃあ、さすがに神戸にはよく行くよね？」

と質問。それに対し旦那さんは、

「うーん、半年に1回程度なら仕方なく行っています。基本的には加古川近辺で全てを済ませたいんですが、どうしても加古川で売ってないモノを買いたいときは、三宮《さんのみや》まで行きます。それでもどうしてもダメな場合にのみ、本当に嫌々ですが、神戸まで車で買い物に行く場合もあります。基本的には、よっぽどの用事がない限り、加古川から出ません」

旦那さんの一連の回答を目の当たりにし、腹落ちしない様子で首を傾げる東京のバブル世代。エリアと世代の違う二人の話の噛み合わなさぶりが、笑いを誘うほどでした。

置き換え可能な「ジモト愛」

この話を聞いて、年配の方たちのなかには、「若者の間で、生まれ育った土地を愛する郷土愛が強くなっているのはいいことだ」「戦後、大都市部へ人口が集中するなど、日本人がないがしろにしていた郷土愛に若者たちが目覚めたのだ」「若者たちの郷土愛が高まって、日本から減った地域共同体や地方自治などが復活するんじゃないか」などと感じた方もいらっしゃるかもしれません。しかし、残念ながらそれは早計です。

実は彼らの多くは、郷土としての地元が好きなわけでは決してありません。地元の友達が好きだったり、地元友達と駅前のファミレスやカラオケに行くことや、休日はイオンなどの大型ショッピングモールで一緒に買い物するのが好きといった、中学生時代と地続きの「居心地の良い」生活をキープしたいだけなのです。

地続きの生活の代表例としては、ファミレスでのだらだらした集まりが挙げられます。彼らは高校、大学、社会人と年を重ねても、いつものメンバー（彼らは「いつメン」と呼称します）と、中学時代と同じ場所で、同じ消費をします。年を取り、社会的ステージが変わったからといって、ライフスタイルや人間関係を変えるのはめんどくさい。自己や環境を変革するエネルギーを使いたくない。現状維持に努め、楽《らく》であることを最上位概念とする考え方を持っています。

彼らが頻繁に足を運ぶファミレスもファストフード店も大型ショッピングモールも、

中身は全国どこでも一律ですから、郷土愛とは何の関係もありません。

実際、全国で地元族や残存ヤンキーの若者たちにインタビュー調査をしていると、彼らが「地元が好きだ」と頻繁に言うので、「具体的に地元のどこが好きなの？」と聞いてみても、大して答えられない人がほとんどです。

また、回答が出てくるとしても、「地元友達がいるから」という答えが圧倒的に多く、郷土の具体的な良さ――名産品や郷土史、名士のエピソードなど――はまったく出てきません。

確かに地元の良さを説明するのは難しいことかもしれませんが、それでも昔であれば、もう少し何らかの回答が出てきたように思います。

彼らは郷土ならではの魅力を感じて地元を好んでいるわけではないので、どこの土地でも置き換え可能な、カタカナの「ジモト愛」と名付けてもいい感覚を強めていると言えるでしょう。

日本全国で増加している地元志向の強いマイルドヤンキーたちは、決して郷土愛が強いわけではなく、単に「昔と変わらない生活」を望んでいるだけなのです。

夢は「あと5万円、給料が上がること」

さて、高砂市の夫婦に、「今の生活にどのぐらい満足しているか、100点満点中何点ぐらいか教えてください」と質問したところ、旦那さんは80点、奥さんは90点という答えが返ってきました。

この点数の受け止め方はさまざまでしょうが、私はかなり高いという印象を持ちました。私自身の20代の頃の感覚や、自分より上の世代が若者だった時代の言動と比較しても、20代半ばですでに満足度がここまで高いのには、ちょっと驚かされます。自分の将来の生活が今より上昇するはずだという「上昇への期待感」を持てていれば、今の時点で満点近くを付けるはずがありません。

旦那さんに夢は何かと尋ねたところ、「あと5万円、給料が上がること」でした。もし達成されたら、80点の生活満足度は100点になるそうです。一方、奥さんは「あと1、2万円家賃が下がること」でした。それで90点の満足度が100点になると言います。

確かに毎月の給料が5万円上がることも、家賃が1、2万円下がることも、生活していく上では本当にありがたいことだと思いますが、しかし、「夢」と問われて出てくる回答としては、大変現実的なものだと感じます。まして彼らが、かつてであれば大志を抱いていたであろう25歳という若い年齢であることを考えると、あまりに小粒すぎる夢と言えるかもしれません。

序章で説明したマイルドヤンキーの上京志向のなさと、「今、ここで築いている生活に対する高い満足度」は、密接に結びついています。後の章でもこのマイルドヤンキーの感覚はたびたび登場するので、憶えておいてください。

インタビューの最後に、旦那さんに、5年後、30歳の自分はどうありたいかも聞きました。答えは、「3000万円で一軒家を買い、子供は男女二人欲しい。車はミニバンと軽自動車を1台ずつ（現在はコンパクトカーを1台所有)。もちろん給料は今より5万円アップ希望」だそうです。

家の金額も地方にしては堅実な額ですし、車は2台に増えているものの、安い軽自動車が入っていますし、何より、給料の希望額が今と5年後で変わっていない点が非常に堅実で、地元族の典型的なエピソードのように思います。

都会にもたくさん生息する地元族

次に、東京にいる地元族の姿を紹介します。東京都下に住む20歳前後の地元族たちです。

彼らは男女十数名ほどの集団で、生まれ育った東京都練馬区の南西部にある石神井《しゃくじい》という地域に住んでいます。皆、中学校時代からの同級生で友達同士。校区が同じなので住んでいる場所も近く、大半が実家暮らしです。

おもなメンバーの簡単なプロフィールを47ページの表にしました。この集団の概略をつかんでみてください。

これを見てわかるように、大学生から高校中退（家出中）まで、彼らの学歴や職業はさまざまです。これは義務教育である中学時のグループだからであって、もし高校や大学の友人同士だったら、ここまでばらつきは出ないでしょう。性向も、「悪羅悪羅系」

が少し入った残存ヤンキー寄りの人から、その色がまったくない地元族まで、バラエティに富んでいます。

全国で若者たちの調査をしていると、若者たちの口から「大学や高校のクラスメイトには気が許せない。中学校や小学校の友達が、いちばん仲の良い友達」という言葉が非常によく出てきます。理由は、「高校や大学は成績の良し悪しで選別されているから」だそうです。

確かに、高校以降は「成績」「部活」でくくられた集団に属することを余儀なくされることも多いわけですし、大学では就職がうまくいった、いかないなどの話題で気遣いも必要でしょう。社会人になれば、同期同士でも職場での評価や年収というスペック評価が常に付きまといますから、よりいっそう心を許せなくなるのかもしれません。

竹馬の友と言える「地元の同じ中学の友達」だけが、学歴や職業にとらわれない（そんな話をしなくてよい）友情関係を結びやすい、ということなのかもしれません。

ちなみに石神井という土地が東京都でどのような位置にあるかというと、西武池袋線

東京都練馬区石神井の地元族集団

キドちゃん(男)	都内私立大学3年生。この集団のハブ的存在。ドライブの際は親が所有する7人乗り高級ミニバンを運転する。将来は消防士になりたい。
シゲさん(男)	都内私立大学3年生。仲間からはボスと呼ばれて一目置かれるリーダー的存在。実家所有の5人乗りワンボックスカーで、皆の足になる。終電を逃した地元の女友達の要請に応じて車を出してくれる。
ヨシロウ(男)	中学卒業後、肉体労働職を転々とする。現在はとび職（派遣社員）。大酒飲み。
マサト(男)	中学卒業後、いくつかのバイトを経て、現在は解体業（派遣社員）。仲間のなかでは最もいかつい見た目。
ポンタ(男)	大学を中退して、現在は携帯ショップの店員。起業してビジネスをするのが夢だと語るが、具体性は特にない。
サトル(男)	都内私立大学2年生。親所有の5人乗り高級セダンを運転して皆を乗せる。
タケ(男)	都内私立大学3年生。バイクが好きで、ピザ宅配のバイトをしている。
ケンタロウ(男)	新宿歌舞伎町で居酒屋の店員をやっている。
ノダアユ(女)	高校を中退ののち、親とケンカして家出中。ラーメン屋店員、パチンコ屋店員などを経て、現在、中央線沿線の駅ビル雑貨店で店員。地元を離れて長らく一人暮らしをしていたが、最近年上の彼氏ができて一緒に地元に戻り、同棲中。
チカ(女)	デザイン系の専門学校を卒業後、コーヒーショップ・チェーンで働くフリーター。
かーたん(女)	高校卒業後、医療系の専門学校に行く。現在、医療事務員。酔った仲間を介抱するしっかり者。

＊名前は仮名

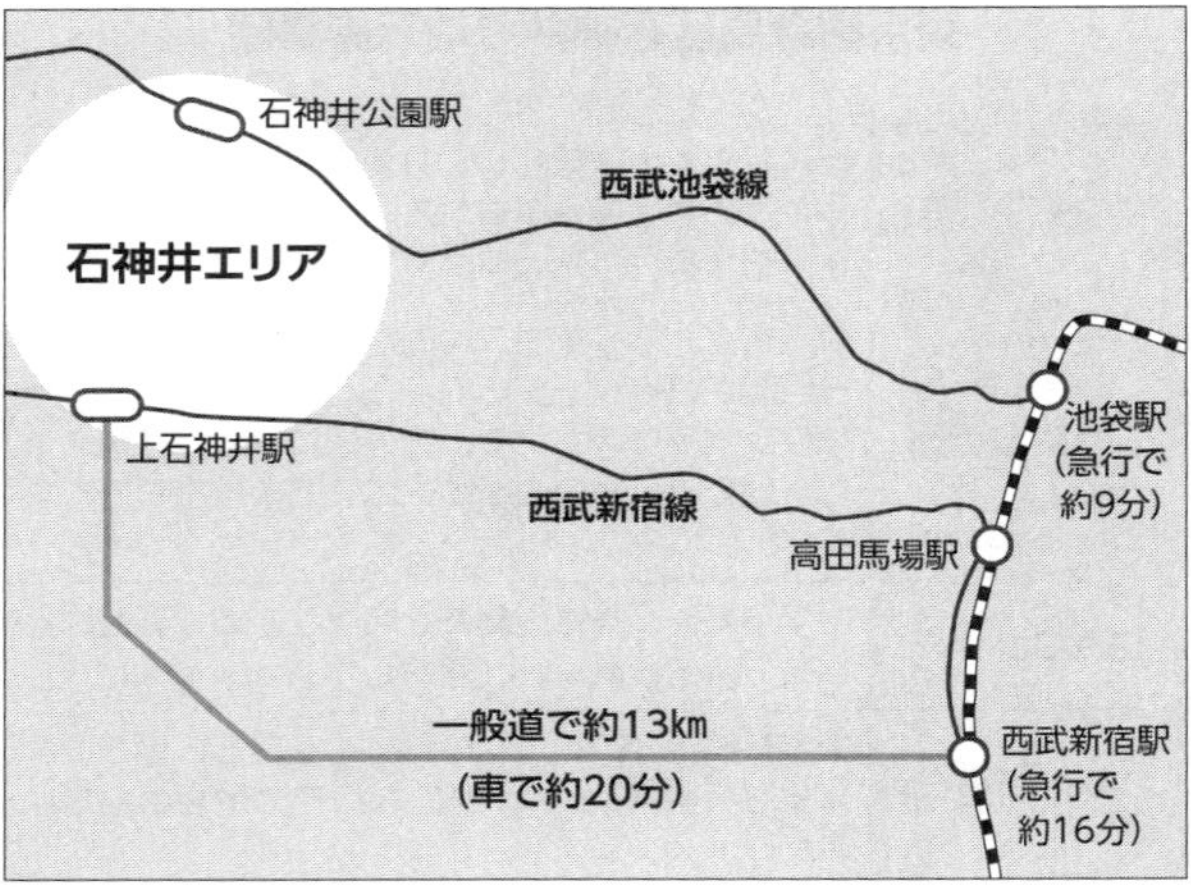

の石神井公園駅と西武新宿線の上石神井駅に挟まれたあたりの地域です。石神井公園駅から池袋駅までは急行で約9分、上石神井駅から西武新宿駅までは急行で約16分。目安として、上石神井から新宿までは一般道で約13kmの道のり。車で20分程度です。

はっきり言って都心からはかなり近いエリアです。それなのに「地元」意識とは一体なんぞや？　というのが、この話のポイントです。

そんな彼らの遊びのスタイル「弾丸」なるものに、私は密着取材しました。ここに、地元族の性向を理解するヒントが隠されています。

「地元」の範囲はたった5㎞四方

「弾丸」とは彼らが名づけた名称で、平日午前零時頃に皆で集まってミニバンでドライブに出かけ、朝方に戻ってきて解散する――要は〝弾丸ツアー〟のことです。弾丸ツアーからの帰宅後、彼らは1、2時間だけ眠って、学校や仕事に行きます。

平日のある日。仕事やバイトや学校が終わった彼ら、彼女たちは、キドちゃんの家（親と同居している実家）に集まります。まずここで驚いたのは、彼らが呼び鈴も押さずに勝手にキドちゃんの家に上がり込んで、彼の部屋に集まってくるということでした。まるで、小学生が友人の家に勝手にドヤドヤと押しかけてくるような光景です。

私はその部屋で、キドちゃんの誕生日に他のメンバー全員が書いた、お祝いの色紙を見せてもらいました。これはキドちゃんに限らずそれぞれの誕生日に皆から贈られるもので、しかも毎年行われています。繰り返しますが、彼らは小学生ではありません。あまりにもピュアな友情を見せつけられて、気恥ずかしくなったほどです。

色紙には「地元♥愛」という文字が大きく、かわいらしく書かれていました。この女性的な心遣いや優しさは、孤高のワルを気取った旧来のヤンキーには見られない要素ではないでしょうか。

石神井の彼らの持つ「絆」意識は、誕生日の色紙にとどまりません。集まったらすぐにチェキ（インスタントカメラ）で記念写真。宅飲みしても記念写真。これでもかとばかりに、地元友達との思い出一つひとつをとても大切にしています。

バーベキューなど大きなイベントでは、メンバーの一人が、まるで遠足のしおりのような冊子を作って配布します。そこには、行動指針やみんなで歌う歌、メンバーの名簿などが掲載されているのです。

面白いのは、名簿の顔写真が、参加メンバーの「小学校の卒業アルバム」のものだったこと。幼少期から地元で一緒に育ったことをどれだけ大切にしているか、その一端がうかがえます。

さて、全員が集まると、彼らは2台の車に乗り込んでドライブに出かけます。ただし「ドライブ」とは言っても実に簡単なもので、石神井を出て、同じ都内にある港区のお

誕生日にプレゼントされる色紙。マイルドヤンキーはかつてのヤンキーと違って男女一緒に行動する

イベント用の冊子。小学校の卒業アルバムから写真を持ってきて、イベントにおける役割分担まで掲載されている

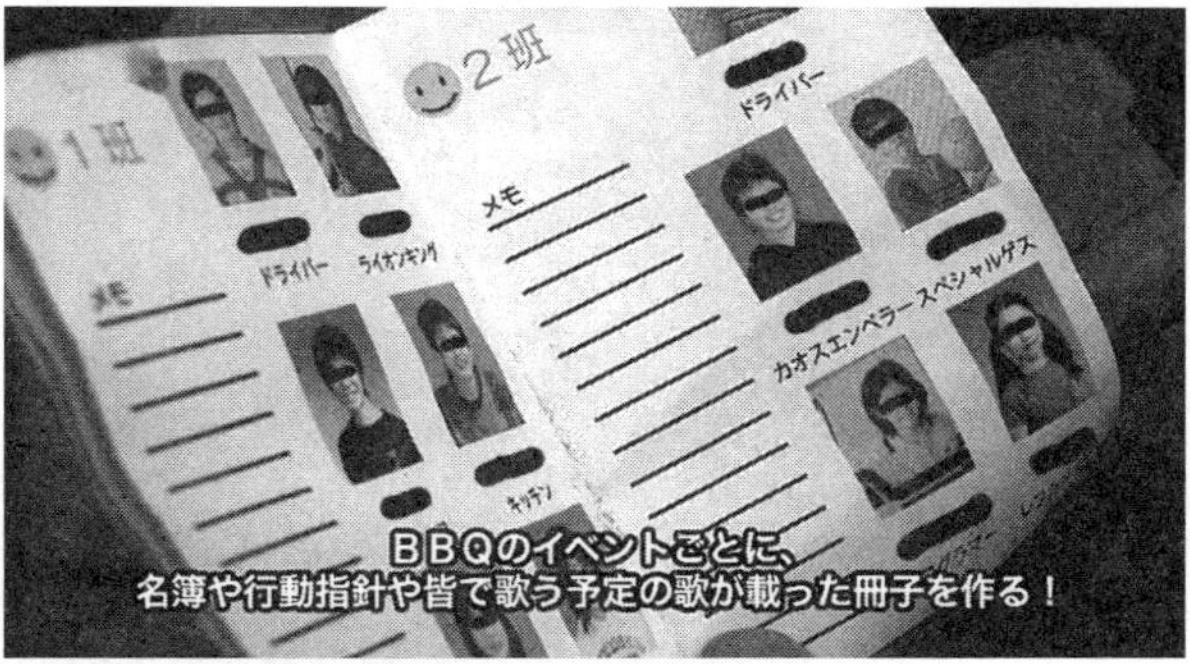

この日が誕生日のA君のために、サプライズで歌う予定の歌詞も掲載。冊子の下部には「このページだけA君と違うので、くれぐれもA君の目に入らないようにお願いします。午前零時に歌うので歌詞覚えてね」との注意書き

台場に行き、記念写真を撮って(!)、帰ってくるだけ。お台場での滞在時間はわずか15分ほどです。途中で寄るところと言えば、ジュースを調達するための往路でのコンビニと、解散前の締めの儀式を行うマクドナルドだけでした。

どうせドライブするなら、休日にのんびり観光地にでも行けばいいのに……と首を傾げる方もいらっしゃるかもしれませんが、彼らの目的は目的地(ここではお台場)での観光ではありません。気の合う友人たちと一分一秒でも多く時間を共有することが目的です。大人数が一度に乗れるミニバンの快適性は、そのために必要なのです。

過去にはこの仲間で高尾山に行ったこともあるそうですが、そのときは「夜に『トイ・ストーリー3』をみんなで観たあと、その場のノリで午前3時に高尾山に向かい、日の出を見た」とのことです。

彼らが今までに行ったことがあるのは、江の島、湘南平、九十九里浜、横浜ほか、山梨県笛吹川《ふえふきがわ》フルーツ公園、ヤビツ峠(神奈川県秦野市《はだの》)、あみプレミアム・アウトレット(茨城県稲敷郡阿見町)など、意外にも広範囲にわたります。

ただし、これは非常に特別なケースであって、普段行くのはもっぱら近場の複合アミューズメントスポット（たとえばラウンドワンやスポッチャなど）や、総合ディスカウントストア（ドン・キホーテなど）といった「いつもの場所」だそうです。

彼らは絶対に、地元を出て生活したくないと言います。たとえばケンタロウは居酒屋チェーンの社員として新宿歌舞伎町の店舗に勤めていますが、もともとは自宅から自転車で行ける距離の練馬の店舗に勤めていて、異動によって歌舞伎町に移ったとのこと。彼ははっきりと「歌舞伎町は嫌だ。練馬の店に戻りたい」と言っています。かつてのヤンキーなら、歌舞伎町への異動であれば、上昇感を覚えたかもしれません。

彼の言う地元とは東京都や練馬区のことではなく、石神井のことです。電車で16分の新宿や9分の池袋を、彼らは「地元」とは考えていません。新宿や池袋はアウェーです。生まれ育った石神井に根を張る生活を享受しているのです。新宿が近かろうが池袋まですぐだろうが、そこには便利さやありがたみをあまり感じていません。

その証拠に、「弾丸」ツアーも終わりに近づき、車が石神井の地元に近づいたとき、メンバーの口から何気なく「地元は落ち着く」という言葉が出たのでした。

伊豆や群馬に遠出していたわけではありません。石神井―お台場間は一般道で行っても1時間強の道のりです。私からすれば、「同じ東京だし、それほど距離も離れていないのに……」と思うのですが、彼らマイルドヤンキーたちにとって「地元」とはせいぜい家から5㎞四方の範囲。一般的な中学校の校区よりちょっと広いくらいです。それより外は「外部」であり、あらゆる努力を払って、住み慣れた5㎞圏内で生活を完結させたいと思っているのです。

このように、彼らは新しい人間関係の積極的な開拓や、新しい土地での生活・習慣に馴染《なじ》もうとする努力を徹底的に避け、地元で生活し、地元で消費することを選択しています。そしてその消費の内容は、地縁をキープすることをすべての前提としたものなのです。

「若者は皆、とにかく金を使わない」

「若者は皆、地元にはない新しい生活や人間関係や刺激やカルチャーを求めて、上京したいと思っている」

そんな、上の世代が若者に対して抱く〝定説〟は、少なくともここ数年についてはまったく当てはまらないようです。

アラサー地元族夫婦の消費傾向

東京都西多摩郡日の出町に住む地元族夫婦のケースも紹介しましょう。

彼らは二人とも29歳、石神井の地元族からすると少し上の世代にあたるので、石神井の彼らの数年後の生活・消費傾向を推測する上では、格好のサンプルと言えるでしょう。

彼らが住んでいる日の出町の最寄り駅はJR五日市線の武蔵増戸駅で、一軒家の自宅から駅までは徒歩20分弱の道のりです。

ちなみに日の出町内に鉄道の駅はなく、住民は近接するあきる野市を通るJR五日市線のいくつかの駅（秋川駅、武蔵引田駅、武蔵増戸駅、武蔵五日市駅）を利用しており、接続さえよければ、東京都心までは1時間程度で行くことができます（次ページ上図）。

にもかかわらず、風景は非常にのどかです。奥多摩の山々が望め、道路や住宅地のの

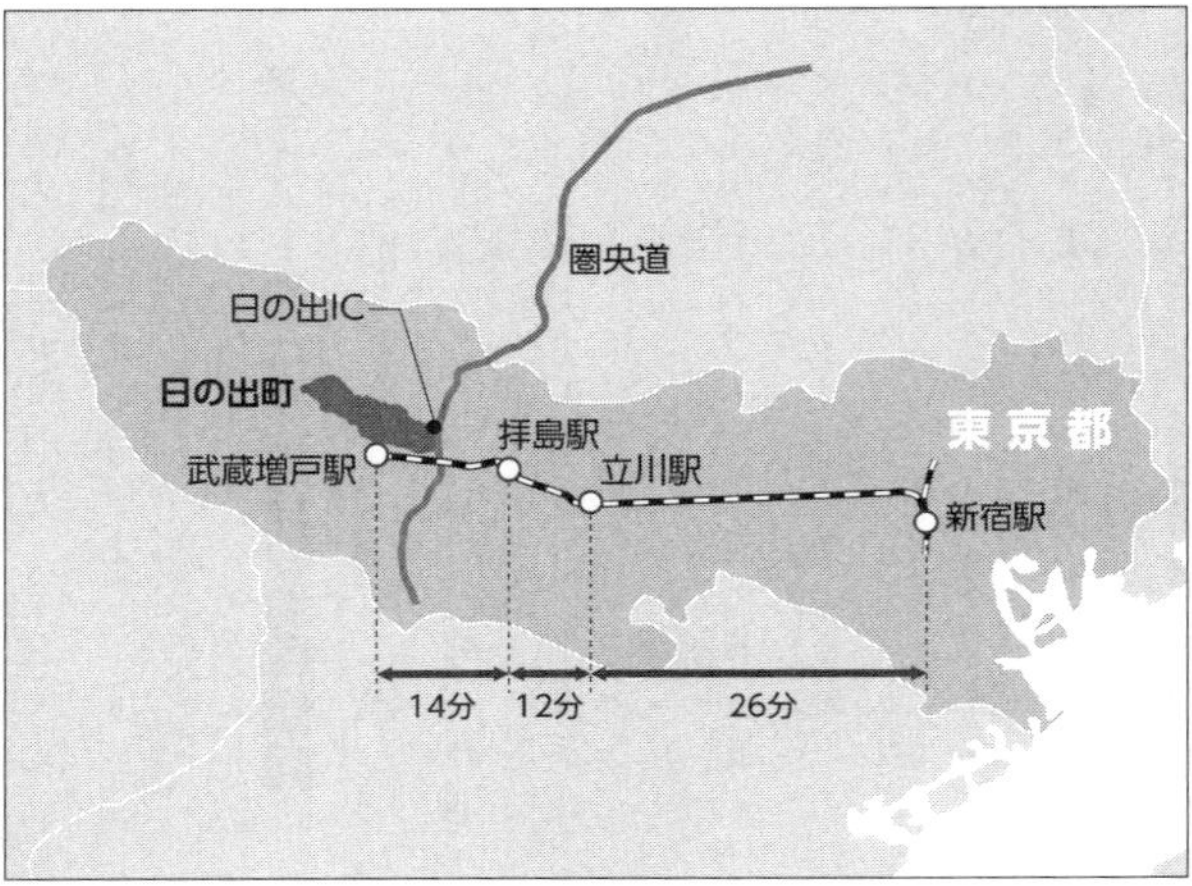

んびりした雰囲気は東京23区とはまったく違う様相を呈しています。交通手段は都心と異なり、圧倒的に車かバスです。地方によく見られる軽自動車2台持ちの家も珍しくありません。

日の出町内にある施設としては、圏央道（首都圏中央連絡自動車道）の日の出ＩＣ、２００７年にオープンしたイオンモール日の出のほか、道を車で流せば、巨大な工場や廃棄物処分場も目に入ります。

私が調査した夫婦は小・中学校の同級生です。地元族は地元を出ず、学生時代以降の人間関係を積極的に広げようとしないため、同級生婚がかなり多い傾向にあるので、彼らはその典型例と言えるでしょう。

夫婦は共働きで子供なし（ただし、子供部屋にする予定の空き部屋あり）。旦那さんは営業マン（推定年収３００万円）、奥さんはお父さんの会社で事務職（推定年収２００万円）です。

一軒家の住まいは、両方の実家から近い場所に建てています。これは地元族の特徴の一つ。土着性の強さ、双方の親たちとの結びつきの強さがうかがえます。なお、土地は奥さんの親の土地だそうで、建物代と車のローン、合わせて月に15万円を自分たちで払っているようです。

家には夫婦共通の小・中学校時代の友達がよく訪れます。結婚しても、地元友達との交流が途絶えることはありません。結婚しても地元を離れない人が多いですし、独身でも未だに実家にパラサイトしている人が多いからです。

この夫婦のように、地元族同士で結婚して親の土地をもらう例はよく見られます。あるいは世帯収入が低いため、結婚してもどちらかの実家に同居していることも珍しくありません。

イオンは夢の国

ここで奥さんの名言をご紹介しましょう。

「日の出の若者にとって、イオンは夢の国。イオンに行けば、何でもできるんです」

インタビューするなかで、こういった大型ショッピングモールを「夢の国」と表現する若者が本当にたくさんいて驚かされます。

日の出町の夫婦が訪れるイオンは2店あります。「イオンモール日の出」と「イオンモールむさし村山」です。1日のうちに2店はしごすることも多いそうです。

なお、イオンとは言うまでもなく、小売業界で国内シェアトップのショッピング施設のことです。なかでも、イオンモールと名がつく大規模店舗は、若者に人気のあるショップをテナントとして確保しています。

雑貨では無印良品やヴィレッジヴァンガードといった定番から、百均のザ・ダイソーや、家電量販店のノジマもあり。食の面では、スターバックス、サブウェイ、築地銀だこ、サンマルクカフェといったカフェや軽食から、各種レストラン、マクドナルド、ミスタードーナツ、長崎ちゃんぽんリンガーハットなどフードコートまであります。TSUTAYAや映画館（イオンシネマ）といったアミューズメント施設もあるのです。

「地方」「郊外」と呼ばれる全国のすべての地域において、メジャーショップがこれだけの数、一堂に会している大型ショッピングモールが「夢の国」なのは、決して大げさな物言いではありません。地元族にとっての大型ショッピングモールとは、消費生活を支え、文化的拠《よ》り所たりうる、極めて重要な存在なのです。

このことは、社会学者の阿部真大さんが書かれた『地方にこもる若者たち　都会と田舎の間に出現した新しい社会』（朝日新書）のなかでも大きく取り上げられていました。おもにゼロ年代、日本全国に大型ショッピングモールが普及したことによって、かつての「何もなかった地方」はほぼ消滅し、その結果、地方の若者たちは、上京しなくてもそこそこの満足度を得られるようになって、地方にこもるようになったのです。

阿部さんは大型ショッピングモールのことを「ほどほどパラダイス」と表現していますが、メガモールのなかには、実は「ほどほど」どころか圧倒されるほどに充実してい

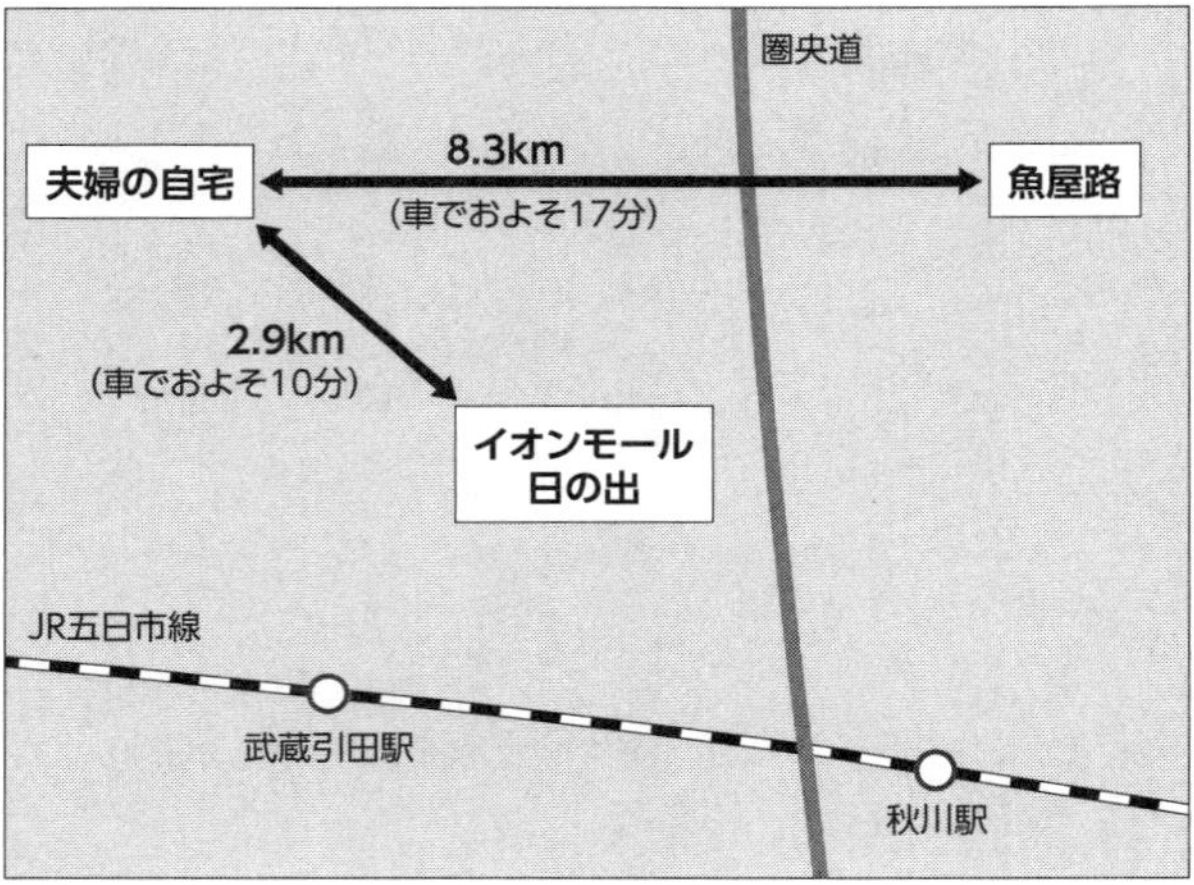

る施設もあるので、日の出の奥さんが言うように「夢の国」と感じている地方の若者がかなり多いことも留意しておくべきだと思います。

ちなみに、夫婦の自宅から夢の国であるイオンモール日の出までは、距離にして2・9㎞、車での所要時間はたった10分です（上図）。かつて、若者にとって夢の国とは、ハワイや東京ディズニーランドであったと思います。ところが今は、自宅からたった10分で着く3㎞以内の距離に存在するようになっているのです。

さて、この夫婦には調査の謝礼として1万

円を包んだのですが、その使い道がまた、興味深いものでした。彼らはせっかく臨時収入が入ったのでと、ここ一番のお気に入りの店、魚屋路《ととやみち》という回転寿司屋に食事に行ったそうです。

一昔前、たとえばバブル世代の若者であれば、「ここ一番の店」は、六本木や青山のイタリアンやフレンチといったところだったかもしれません。

しかし、彼らが向かった魚屋路・福生《ふっさ》店までは、自宅から8・3km、車で約17分の近場です。回転寿司はおいしく素晴らしい日本の文化だと思いますが、とはいえ、「ハレのお店」にまで昇格している点は、非常に興味深いことではないでしょうか。

「夢の国」のメガモールにしろ、「ここ一番の回転寿司屋」にしろ、なにがなんでも地元から離れたくない、すべてを車での短距離移動で完結したいという意志がありありとうかがえます。駅まで出てしまえば新宿まで1時間ですし、そこには買い物場所やレストランに、もっとたくさんの選択肢があるでしょう。しかも彼らにはまだ子供がいないので、その意味でも電車移動はしやすいはずです。

にもかかわらず、高砂市の夫婦や石神井の若者たちと同じく、ことさら都心に魅力を感じていません。それどころかむしろ、「人が多くて面倒な場所」という嫌悪感さえ持っています。

地元族たるゆえんが、ここにあります。

ホームシックになる残存ヤンキー

では最後に、残存ヤンキーの例をご紹介しましょう。残存ヤンキーとは、消費性向や振る舞い等々が昔に比べると多少小粒にはなったものの、基本的には昔のままのヤンキーのことです。地元族同様、地元や地元友達が大好きな人たちでもあります。

今回、ご紹介するのは、序章で取り上げたバイクのオーナーである、秋田県能代市の23歳独身男性です。彼の改造バイクのベース車は、ホンダ・ホークⅡ。1977年に発売された旧車です。20万円で購入し、改造費も20万円ほど。楽天市場で改造パーツを購入するそうです。

相当のコワモテで、中学時代の後輩である能代出身の若者研メンバーに言わせると「地元では有名人で、皆から怖がられている」とのこと。しかし、彼は無差別に周囲を威嚇するわけではありません。序章でも書きましたが、彼の部屋を無遠慮に家探ししたところ、たくさんのアダルトDVDが並んでいるのを発見しました。そこに言及したらもしかしたらキレるかなと思いきや、照れくさそうにはにかんでいたのです。インタビューにも気さくに応じてくれるなど、マイルドヤンキーの名に恥じない、やさしい若者でした。

仕事は焼き鳥屋の店員とバーの店員をかけもちしています。今まで、とび職や解体屋、塗装業、地元の先輩が経営する飲食店などで短期間働いては、その貯蓄で生活するということを繰り返してきました。現在の月収は約16万円。これは「少ない」と感じているようです。

温和にインタビューに応じてくれた彼ですが、彼曰《いわ》く「昔はヤンチャ者だった」とのことで、過去に暴力沙汰で何度かの補導・逮捕歴があるそうです。

酒とタバコは当然のように嗜《たしな》みます。

酒については、「秋田は女性もお酒の強い人が多い。秋田はやることがないから飲むしかない」と言っていました。冬は雪が大量に降るためあまり遠出せず、基本的には能代市内で飲みますが、月に1度は秋田市内にいる中学時代の先輩や友達のもとに会いに行くそうです。

タバコは13歳頃から吸っていたそうです。しかしコワモテのヤンキーとは思えないほど周囲に気を遣い、「初対面の女の子には、吸ってもいいかどうか聞く」と言っていました。

休日の趣味はアウトドア。バーベキューをしたり、車で20分の距離にある海岸（八森）に行きます。漁師の友達もいるそうです。

私が一番気になったのは、地元に対する彼の帰属意識です。今は実家で両親と暮らしている彼に、今後、東京で生活したいかどうかを聞いてみると、こんな答えが返ってきました。

「東京で働いていたことも2度ほどあったけど、どちらも半年で帰ってきてしまった。今でもたまに東京に洋服を買いに行ったり遊びに行ったりするし、東京で仕事をしたいとも思うけど、どうしてもホームシックになってしまう。実家が好き。友達もみんな、東京に出てもホームシックになって帰ってくる」

将来について聞くと、結婚はまだ考えていないが、いずれは能代を出て仙台などに住みたい――とのことでした。仙台は、東京と能代の中間地点よりも少し能代寄りに位置する大きめの地方都市です。もちろん、能代よりも生活の便は良いでしょう。

「故郷と東京の中間地点よりも、少し故郷寄り」という理想の居住地に、彼の精神性が正直に現れている気がしました。コワモテとは裏腹の、デリケートな残存ヤンキーの胸中が見え隠れしています。

第2章 マイルドヤンキーの成立

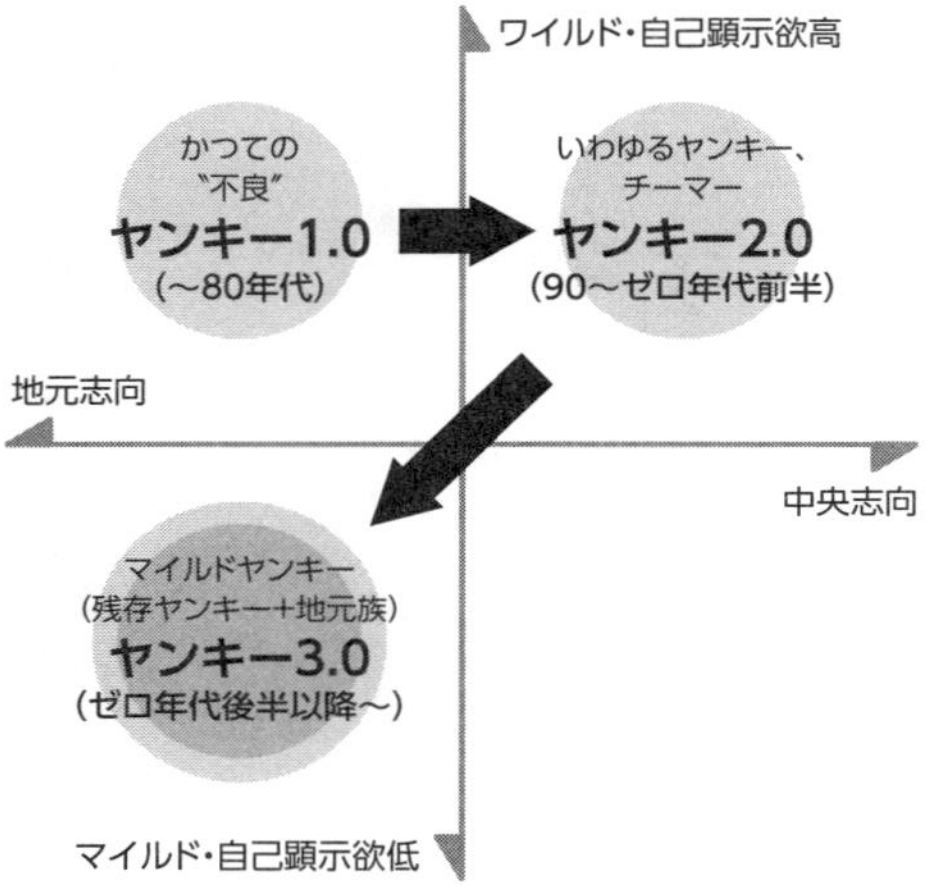

第1部　ヤンキーの変遷

前章では、私がマイルドヤンキーに密着取材した体験をもとに、彼らの実態を紹介しました。

本章では、まず彼らのルーツと呼ぶべきヤンキーの変遷について、振り返ってみましょう。

ここ30年ほどを遡《さかのぼ》ると、ヤンキーはその様態を「1・0」「2・0」「3・0」と漸次変化してきたと言えます（上図）。

80年代――「腐ったミカン」の不良たち

80年代頃の「ヤンキー1・0」は、「不良」「ツッパリ」という呼び名がすべてを表しています。70年代後半以降、校内暴力・家庭内暴力や暴走族が社会問題化して、ニュースなどで大きく報道されました。ドラマ『3年B組金八先生』（79年）、『積木くずし』（83年）、『スクール☆ウォーズ』（84年）などで全国のお茶の間にも彼らの生態が伝わり、当時の小・中学生を震え上がらせたものです。

『ビー・バップ・ハイスクール』（映画第1作目は85年公開）の初期は、ヤンキー1・0を戯画化した典型であり、音楽的には横浜銀蝿、ファッション的にはリーゼントスタイルに長ランや短ラン、極太のボンタンが定番でした。

『ビー・バップ・ハイスクール』
きうちかずひろ作、講談社刊

この頃のヤンキーは、他者を高圧的に威嚇して自分の優位を認めさせる、好戦的な示威行為を行動原理の根本としていました。他校の奴らになめられてはいけない。ファッションもやんちゃな行動も、すべては自分の名を上げるため。ネットがなく、今ほど口コミが発達していない時代、社会に自分の存在を〝無視できないもの〟として認めさせるためには、少々過激なスタンドプレーが必要だったのです。

なぜ、当時の若者たちは、自分の存在の誇示にそこまで躍起になる必要があったのでしょうか。

70年代後半から80年代の日本は、空前の経済大国として成長を遂げている真っ最中で、バブル期へと通じる大変な好景気を迎えていました。大人たちは喜色満面、働けば働くほど金が稼げるというムードがありました。今から見れば信じられない時代です。それを傍から見ていた子供たちは、大人たちが「金のために生きている、軽蔑すべき対象」

に見えたことでしょう。

また当時は、おもに中学校での管理教育と、高校での大学受験地獄が激化した時期でもありました。厳しい校則で縛りつけられた中学生たちは、その理不尽さにストレスを溜めていきました。高校に上がれば上がったで、大学受験という大きなストレスが待っています。

79年に国公立大学共通第一次学力試験（共通一次）が導入されると、社会はどんどん学歴至上主義化していきました。世の子供たちは偏差値のプレッシャーに苦しみ、そこからドロップアウトした子供たちは、社会のシステムを憎み、そのシステムを作った大人たちを憎みました。

勉強ができないと、いい大学に入れない。いい大学に入れないと、社会で必要とされない――そんな有形無形の圧力が、大人社会に対する反抗精神を彼らの心に生んだのです。

ドラマ『3年B組金八先生』第2シリーズ（80〜81年放送）に、名作と名高い「腐ったミカンの方程式」という前後編のエピソードがあります。

前の中学で手がつけられないほど校内暴力を働いたことから、金八のいる学校に転校してきた生徒、加藤優《かとうまさる》。このとき、金八以外の教師たちは、加藤のことを「腐ったミカン」と表現します。その意味は、「腐ったミカンが箱の中に一つあると、他のミカンまで腐ってしまう。だから取り除かなければならない」。

ドロップアウトした厄介者は、救うのではなく、排除するという発想――これは、当時の管理教育的傾向、もっと言えば偏差値至上主義による切り捨て教育の暗黒面を示す、非常に象徴的な考え方ではなかったでしょうか。

自分のようなできの悪い子供は、大人社会にとって必要とされていないのではないか？　そんな疑念と不安から「グレる」子供たちの行動原理が、「虐《しいた》げられた自分たちの存在を、社会に知らしめること」に設定されるのは、不思議なことではありません。アイドル握手会ふうの言葉で言えば、「認知されたい」というわけです。

ちなみに、当時のヤンキーの活動範囲と活動単位は「地元」が主流でした。どこからどこまでの地区は誰の縄張り、といった意識が強く、他校の人間が自分たちの縄張り内で目立った行動をしていたら「シメに行く」ということも日常茶飯事でした。

現在でも、わずかに残った暴走族集団が「区外に出るのは禁止」といった類の厳しい規律を設けているのは、その名残でしょう。

90年代～ゼロ年代前半――「自分探し」のチーマーたち

90年代のヤンキー2・0は「チーマー」の呼び名が、そのイメージを代表していると思われます。

有名なのは渋谷センター街にたむろしたチーマーたちで、茶髪や金髪のロン毛をなびかせ、ストリートファッションに身を包み、パーティカルチャーやクラブカルチャー、音楽的にはヒップホップとも親和性が高い集団でした。90年代後半には、チームカラーを設定して、構成員がその色のアイテムを着用する「カラー

ギャング」も派生しました。

宮藤官九郎が脚本を書き、TOKIOの長瀬智也が主演したドラマ『池袋ウエストゲートパーク』（00年）にはヤンキー2・0の世界観が端的に描かれています。登場する若者のファッションはラフなネルシャツやパーカ、デニムのパンツ、キャップ。シルバーアクセや革小物などに若干の悪羅悪羅感はありますが、基本的にはカジュアルです。セリフにも、かつてのヤンキーのように肩に力の入った「気合」重視のものはあまり見受けられません。

「だから悪いことすんなって言ってんじゃないの。ダサいことすんなって言ってんの。わかる？」（カラーギャングの「キング」・タカシ）

「俺は好きな服着て好きな場所で遊びてえから。それがなきゃブクロに住んでる意味ないっしょ」（主人公・マコト）

『池袋ウエストゲートパーク』で描かれるのは、地元が池袋の若者たちです。また、同じ宮藤官九郎の脚本作品『木更津キャッツアイ』（02年）も木更津から出られない若者たち（のちの地元族に近い集団）の話でした。この点においては、地元密着型の80年代ヤンキー1・0とあまり変わりはありません。

しかしヤンキー2・0のなかには、活動場所が「生まれ育った場所」ではないという者もちらほら出現し始めました。東京の郊外や神奈川・千葉・埼玉、遠くは栃木や茨城からも、渋谷センター街や池袋といった「中央」に出張り、そこで、ある傾向に統一された集団に所属して一体化することで、自己顕示欲を満たしたのです。

90年代はポケベル→PHS→携帯電話が順に爆発的な普及を見せた時期でもありました。遠方との連絡がつけやすくなったため、メンバーそれぞれの居住地域が必ずしも近距離でなくても、不都合はなくなったのです。

ネットが普及するのは90年代後半以降ですが、その前からストリート系雑誌の登場や、PHS・携帯電話による密な情報交換によって、流行は彼らの間で常に共有されていました。そして、それに乗り遅れず体験するためには、晴れ舞台たる渋谷センター街や池袋に実際に「行く」必要があったのです。クラブカルチャーにしてみても、体験しなければ始まりません。

ネットによってほとんどの体験が代替できるようになる直前、（今にしてみれば）貧弱なデバイスで限定的な情報だけを摂取することができた時代だからこその「中央志向」が、ヤンキー2・0にはあったのです。


当時、バブルはすでに崩壊しており、日本経済にかつてのイケイケムードはなくなっていました。暗い世相をさらに暗くするような凄惨な少年犯罪や、社会問題化したカルト宗教が連日、新聞紙面を賑わし、しかし一方ではダンスミュージックの流行や小室サウンドのミリオンセラー連発等、毎日があまりにも「ネタ」の宝庫でした。不謹慎な言い方をすれば、刺激的で退屈しない毎日です。そんななか、彼らの行動原理は「自分探し」へと移行していきました。

情報インフラの発達によって、あまりにも多くの情報が雪崩《なだ》れ込んでくるなか、自分は何者なのか、何が好きで何ができるのかといったアイデンティティを見失ってしまった若者たち。そんな彼らは、ある特定の方向性やキャラクターを帯びる集団に所属することで、自分のキャラを設定しようと試みます。自分がその他大勢に埋もれないよう、自分が何者であるかを確認する「自分探し」のプロセス。それがチーマーやカラーギャングとしての活動というわけです。

もちろん、このような意識はヤンキーやチーマーだけが持っていたわけではありません。90年代は、「自分探し」と称して海外の安宿を渡り歩く若者のバックパッカーが激増した時期でした。92年から98年まで放映されたテレビ番組『進め！電波少年』での海外ヒッチハイクシリーズの人気は、それを示しています。

90年代からゼロ年代初頭にかけては、ヤンキーと一般人との境界線が曖昧になりつつあった過渡期とも言えるでしょう。

ゼロ年代後半——反抗心のないマイルドヤンキー

ゼロ年代中盤には、モノが売れない世の中になってきました。先述したとおり、ファストファッション、ファストフードなどの台頭により、費用をかけなくても娯楽が享受できるデフレカルチャーが浸透したためです。

また、ITインフラの発達によって、さまざまなコンテンツがタダもしくはタダに近い廉価で手に入るようになったため、出版、音楽、映像業界をはじめとするパッケージエンタテインメント産業は、特に大打撃を受けました。

モノが売れないと、大人たちの顔は青ざめます。「バブルよもう一度」などというかけ声が、あまりに虚しい言葉に聞こえます。そんな折に起こったのが、08年のリーマン・ショックでした。これで日本も本格的に、世界的な不景気の影響下に置かれることになったのです。

ヤンキーの話と関係ないのでは？　と思われるかもしれませんが、実は大いに関係があるのです。若者は大人の姿を見て、その大人たちが構成する社会への態度を決定します。

バブル期の頃、大人は「金の亡者《もうじゃ》」として、若者にとっては反抗すべき対象でした。ところがゼロ年代後半以降の大人は、完全にしょぼくれています。まったくもって、反抗するに値しない、脆弱《ぜいじゃく》な存在に成り下がりました。

しかも、その大人たちの姿は、未来の自分の姿でもあるのです。高学歴で、かつ大手企業に勤める親でさえ、リストラの危機にある。不本意な職場に異動を余儀なくさせられている。報道からもそんな話ばかりが耳に入り、「いい会社に入れば一生安泰」など絶対にありえないことを、自分の両親やマスコミから学んでいるのです。

彼らの年齢を、２０１４年現在20代前半と想定すれば、生年は１９９０～94年くらいです。バブル崩壊は90年代初め頃ですから、彼らが物心ついてから、日本の景気がよかったことなど、一度もありませんでした。

学校や地元の先輩たちを見回しても、似たようなものです。散々苦労して就職した会社では、薄給で不本意な仕事をさせられている。地元から上京した先輩は、激務と高い家賃に苦しんでいる……。頑張っていい大学に入っても、頑張っていい会社に就職しても、頑張って上京しても、誰も幸せそうじゃない？

もちろん、そんな環境要因に左右されないほど有能な若者は、昔と変わらず上京して大都会でチャレンジを続けています。また、趣味に強烈に没頭している若者の上京欲は今でも健在です。ファッション、音楽、その他カルチャーの、刻々と移りゆく最先端を体感するには、ネットだけではもちろん不十分だからです。

しかし、そういう人たちはもはやマニアやオタクの域であり、あまり一般的な若者の傾向とは言えないでしょう。

以上のような環境要因から、上京志向のない地元族や反抗精神の薄い残存ヤンキーが生まれたのです。

特徴的な上〝京〟志向のなさ

一部の突出して有能な人間を除けば、「上京して一旗揚げる」ことの現実性がまったくない時代になりました。

昔は都会でしか得られない情報や体験、手に入らないアイテムがたくさんありましたが、今ではネットでほとんどの情報が流通していますし、通販サイト（たとえばAma zonや楽天やZOZOTOWNなど）で、多くの嗜好品は買えてしまう状況にあります。わざわざ都会に住む必要がないのです。

彼らは大人に反抗する理由がないので、親とはあまり衝突しません。私のリサーチによれば、「反抗期がなかった」と言う若者も多くいました。ですから彼らは親との同居に抵抗が少ないのです。かつてのヤンキーが「早く自立して親の束縛から逃れたい」と言っていたのとは、隔世の感があります。

もちろん、非正規雇用が多く収入が低くて家を出られないという理由も増えていますが、わざわざ家から出て、不便で不経済な一人暮らしをする必要はあまりなくなっているのです。

結婚後に新居を建てるにしても、親元、すなわち生まれ育った地元から離れたがりません。親との同居・隣居・近居は当たり前。孫の面倒を見てくれる、車をシェアさせてくれるといった実利的な側面もあるでしょうが、なにより精神的な友好関係のある人が多いからこその発想です。

また、上京志向がないのは、地元の友達とのつながりを断ちたくないからでもあります。地元を離れてしまったら石神井の、夜中から始まる「弾丸」ツアーのようなものに平日から参加することは、ほとんど絶望的でしょう。それをあきらめてまで地元を離れ上京する意味が、彼らには見出せないのです。

1980年代、ミュージシャンの尾崎豊は、偽善にまみれた大人たちに反抗して「自由が欲しい」と叫び、多くの若者の共感を得ましたが、現在のマイルドヤンキーにその感覚は理解できません。

束縛されている意識もなければ、獲得すべき自由を都会に見出すこともできないのですから。

ヤンキーコンテンツはもはやファンタジー

しかし、ヤンキーを題材にしたコンテンツは現在でも存在し、若者たちに一定の人気があります。

たとえば、小栗旬主演の映画『クローズZERO』(07年)、『クローズZERO II』(09年)は、ヒットしました。同作を観た若者たちに感想を尋ねたところ、リアリティはまったく感じなかったそうですが、一種のファンタジーとして楽しんでいるようです。ある男性は、対戦格闘ゲームの『鉄拳』と同じ感覚で楽しんだと言い、ある女性は「イケメンの乱闘物語は少ないので新鮮でかっこいい」と言っていました。

ちなみに、原作である漫画『クローズ』（髙橋ヒロシ作・「月刊少年チャンピオン」に90〜98年連載）は、今の30歳前後の男性に根強い人気がありますが、同作の登場人物は基本的にすべて男性で、学校を舞台にしていながら、授業や部活動や教師もほとんど登場しません。通常の社会生活に立ち現れるような時代性を感じさせない、隔絶空間（＝ファンタジー）としての不良社会を描いているのです。このような描き方が、ヤンキーの経年変化を意識させないことに寄与しているのかもしれません。

私が『ろくでなしＢＬＵＥＳ』を読んでいた頃は、漫画に近いヤンキーは生活空間に存在し、リアリティを感じていたからこそ楽しめました。しかし今の若者世代は、あたかもハリウッド映画を観るように、虚構の世界と割り切って、激しいアクションやイケメンたちの乱闘という非現実感に萌えているのです。

これは、海外の若者が日本の「サムライ」や「ニンジャ」を、過去に実在したヒロイックな存在として、フィクショナルに「かっこいい」と思うのに近い感覚ではないでしょうか。

その『ろくでなしＢＬＵＥＳ』は２０１１年に日本テレビ系の深夜帯で実写ドラマ化されていますが、私の印象では原作の空気とはまったく異なるものでした。

ビジュアル面で最も違っていたのは彼らの髪型です。たとえば主人公・前田《まえだ》太尊《たいそん》は、原作ではきっちり決めたリーゼントですが、ドラマ版ではナチュラルな短髪。また、原作にはないヒゲを生やしていて、制服を着ていなければ、ヤンキーというよりパチンコ屋に出入りするフリーターだと言われても納得がいきます。

逆に言えば、今の時代にヤンキーを描こうとすると、見た目で差別化するのが難しいということです。

さらに、ヒロインの千秋という女の子が、原作ではアイドル調というか、強い男のマスコットとしてしおらしく振る舞っていたのに、実写版では勝ち気で口うるさい学級委員タイプに性格が変更されていたのにも驚きました。

もともと男尊女卑的だった原作連載当時の空気感が、今の時流に合わなかったのでしょう。「喧嘩の強い男に守られるかよわい美女」のような、旧来型ヤンキー社会の構図は成り立たなくなっているのです。

そして、いちばん違和感があったのが、全体に漂うコメディタッチの空気です。原作もある程度はコメディ要素を含んでいましたが、描き込みの多い力強いタッチの絵は、鬼気迫るシリアスな迫力に満ちていました。ところが実写版では、多くの役者がどことなく振りの大きいコメディ調の演技になっていて、演出のテンポも意図して笑いを誘うものになっていたのです。

おそらく、連載当時のヤンキーの生態をまともに描いても、現在においては現実感がまるでなくなるため、虚構性の高いコメディに仕立てることで、ドラマを成立させようとしたのではないでしょうか。

第2部　マイルドヤンキーの立ち位置

現代若者像の4分類

ここまでは残存ヤンキーと地元族から成り立つマイルドヤンキーを、その歴史的ルーツから説明しました。次に、彼らが現在の若者集団全体のなかでどのような位置づけにあるのかを考えてみましょう。

次ページの図は、今の若者たちをおおざっぱに4種類に分類したものです。縦軸はPCや携帯といったITデバイスへの関心・スキルの高さ／低さ。横軸は社交的／内向的という軸です。

社交的／内向的は、コミュニケーションの回数が多い／少ないということではありません。ここで言う「社交的」とは、新規の友人開拓意欲が旺盛で、ネット上だけではない実際の友達付き合いが多い、言い換えればリア友（現実世界の友達）が多いというこ

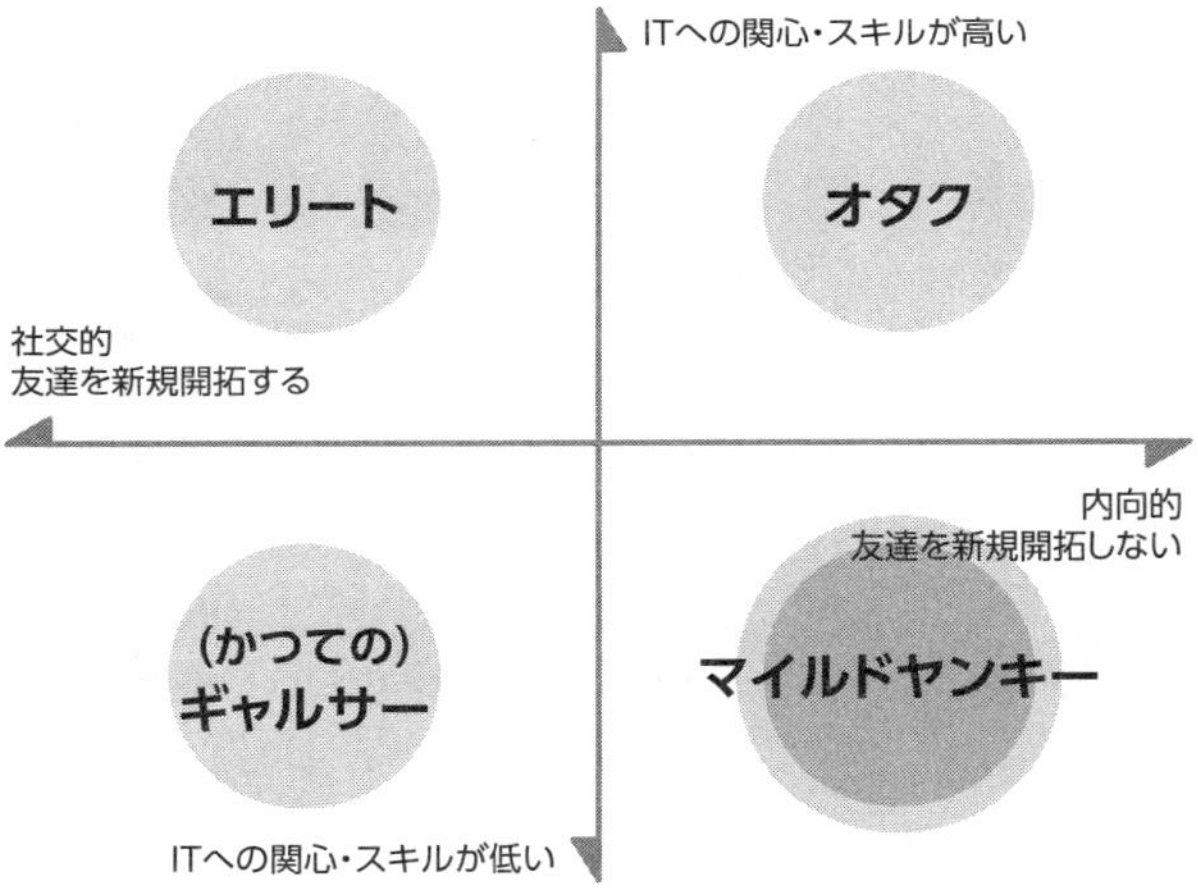

と同義です。

左上の象限は、わかりやすく言えば、いわゆるエリートのことです。

大半がある程度以上の学歴で、偏差値・コミュニケーション能力ともに高く、人間関係の開拓に積極的で、学習意欲が旺盛。新しい体験にも果敢にチャレンジしていく人たちです。

右上の象限はオタク層です。ITデバイスの使いこなし能力はこのなかで最強と言えます。ネットでの炎上ニュースやバズり（Twitterをはじめとする SNSでの流行り）にはとても敏感です。娯楽もネットで完結することが多く、ニコニコ動画好き（ニコ厨《ちゅう》）率も総じて高いと言えるでしょう。

ただしその一方、リア友を新規開拓する気概はあまりありません。同好の士で集まり、そこで濃い情報を交換することはあっても、たとえばイベント会場に足を運んで積極的に自己紹介したり、初対面の人にＦａｃｅｂｏｏｋの友達申請をしたりということは苦手な人たちです。

左下の象限は、かつての「ギャルサー（ギャルサークル）」的なものを思い浮かべていただくとわかりやすいかもしれません。ＩＴスキルはそれほど高くありませんが、とにかく行動、行動。一度会った人間はだいたい友達。バーベキューやクラブイベントといった催しには積極的に参加し、知り合いをどんどん増やしていきます。

上京志向も総じて高めで、街に出ることを億劫がりません。リアルな活動を充実させるには、「中央」に出ていく必要があるのです。90年代以降のクラブカルチャー的な空気を引きずっている人たちです。

そして右下がマイルドヤンキーです。ＩＴスキルは全体的に低めと言えます。最近スマホに変えたものの、難しくてよくわからないとか、ガラケーと同じ使い方しかしていないので、料金の高さに納得がいっていない……という声を彼らからよく聞きます。

ＳＮＳでの連絡は密に行いますが、あくまで狭い仲間内だけです。ＰＣメールはほとんど使わず、ＬＩＮＥで地元仲間のグループ宛てだけに投稿したり、Ｔｗｉｔｔｅｒで仲間以外にはなんのことかわからない内輪のつぶやきをしていたり。Ｆａｃｅｂｏｏｋも基本は地元の友達とのみつながっている人が多いので、友達人数が他のクラスタ（集団）に比べると少ない傾向にあります。

マイルドヤンキーは人間関係数が少ないので、「エリート」や「ギャルサー」集団が、飲み会などの人間関係にお金を使うのに比べて、相対的に自分の趣味や嗜好品にお金をかけることができます。

さらに、ＩＴへの関心が低いことから、ネットで情報収集することを面倒臭がる傾向にあります。

私が調査した、神戸市須磨《すま》区に住む残存ヤンキー男性（25歳、既婚、子持ち）は、「近隣の加古川市は、子供がいる世帯への税金が他の地域より安いらしいから住みたい」という、不確かで中途半端な情報だけを持っていて、それ以上調べようとはしません。

税金は家計に関わる大事なことですし、ネットで検索すれば一発でわかるのでは……と思われるでしょうが、そうしないのが彼らの特徴です。

このようにネットでの検索・調査を億劫がる姿勢は、他のクラスタに比べて娯楽系の雑誌をよく買う傾向にもつながっています。

野望を持たない若者たち

新しいヤンキー、マイルドヤンキーの性向がだいぶ見えてきたのではないでしょうか。次は、彼らがおもにどのような職業に就いているかを見てみましょう。次ページの図は、若者研の現場研究員にリサーチしてもらった実際のマイルドヤンキーの職業傾向をまとめたものです。

マイルドヤンキーの職業傾向

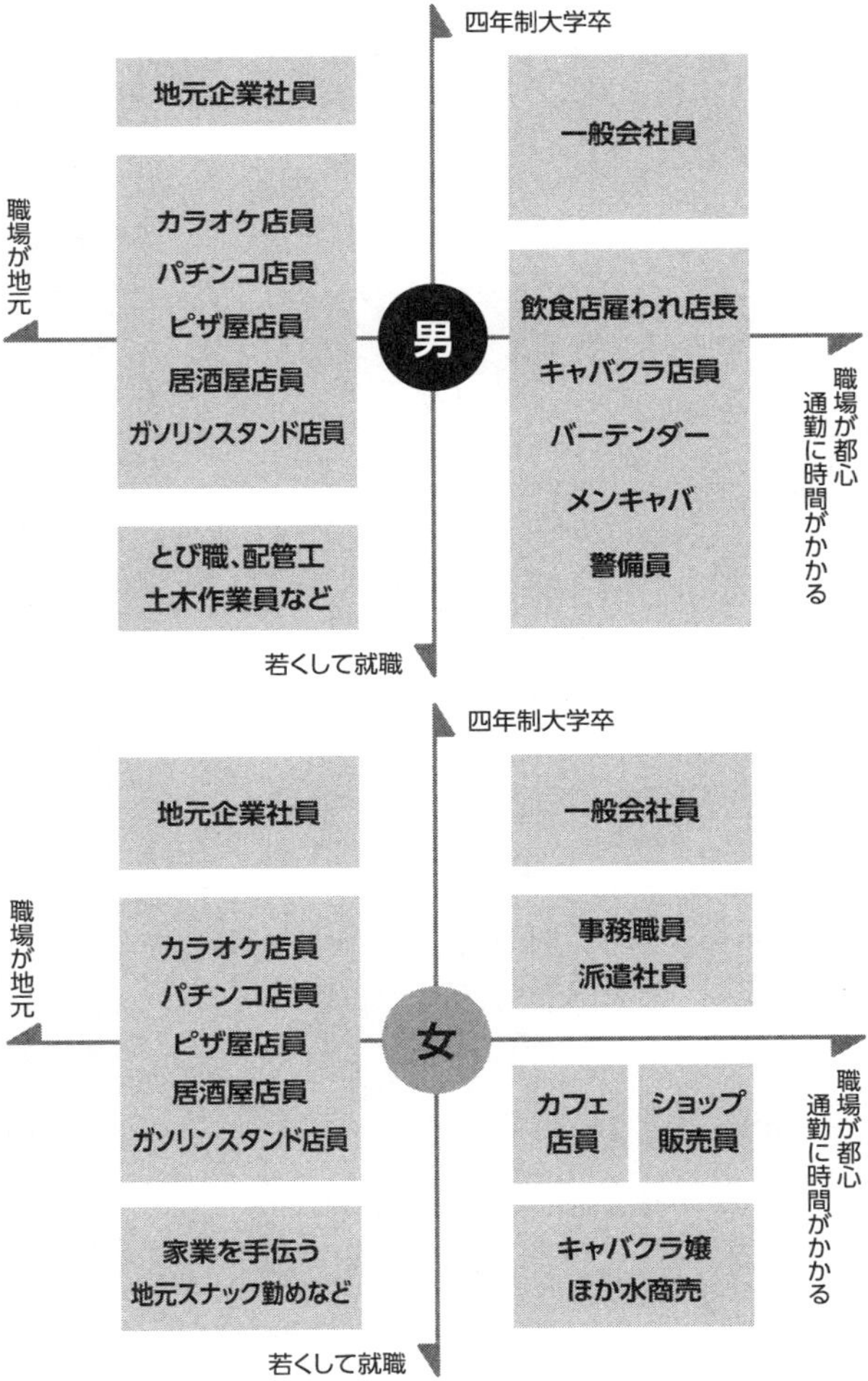
四年制大学卒
若くして就職
職場が地元
職場が都心
通勤に時間がかかる
男
地元企業社員
カラオケ店員
パチンコ店員
ピザ屋店員
居酒屋店員
ガソリンスタンド店員
とび職、配管工
土木作業員など
一般会社員
飲食店雇われ店長
キャバクラ店員
バーテンダー
メンキャバ
警備員
四年制大学卒
若くして就職
職場が地元
職場が都心
通勤に時間がかかる
女
地元企業社員
カラオケ店員
パチンコ店員
ピザ屋店員
居酒屋店員
ガソリンスタンド店員
家業を手伝う
地元スナック勤めなど
一般会社員
事務職員
派遣社員
カフェ
店員
ショップ
販売員
キャバクラ嬢
ほか水商売

地元近くに働き口を見出している人だけでなく、なかには都心まで時間をかけて通勤している人もいます。しかし都心通勤者の多くは「本当は都心に通勤したくない」「もっと地元の仲間との時間を多くしたい」と願っているそうです。

リクルートが2012年1月に実施した、高校生から会社員が対象の調査によると、「最近1年間に探した仕事」「今後希望する仕事」の勤務場所は、いずれも「自宅そば」という回答が最も多く、それぞれ71・8%、78・9%を占めたそうです（「週刊東洋経済」13年3月2日号記事より）。

石神井のグループで見たように、ひと口にマイルドヤンキーと言ってもその学歴はさまざまで、都内の四年制大学に通う人もいれば、中卒で働いている人もいます。ただ共通しているのは、徹底したキャリア志向のなさです。

キャリア志向は、なにも学歴の高いエリートだけの特権ではありません。今は居酒屋の店員だけれどいずれは店長に昇格し、経営にまでタッチしたいとか、カリスマ店員として旗艦店を任されたいなどといったマインドも立派なキャリア志向です。

しかし、マイルドヤンキーにはそのような気負いも意気込みもありません。昔のヤンキーにビッグマウスが多かったであろうことを考えると、大きな変化と言うことができると思います。

「困らない程度に稼げて、地元の友人との時間をちゃんと確保できれば、それでいい。忙しくなりすぎるのは嫌」。彼らの意見は概ねそんなところです。第1章に登場した石神井のケンタロウ（居酒屋の店員）による「歌舞伎町は嫌だ。練馬の店に戻りたい」という発言が思い出されます。

かつてヤンキーの憧れだった矢沢永吉の「成りあがり」精神は、今やどこにも見当たりません。低位でもいいから安定したい、都会に出てストレスを受けたりリスクを負ったりするくらいなら、地元で仲のいい友人とともに穏やかな生活を送りたい。マイルドヤンキーは、「野望をあまり持たないヤンキー」です。

「地元、地元、地元……」を連呼していた「タウンワーク」（リクルート）のCM（12年）や、地元回帰を謳《うた》っていたNHK朝ドラ『あまちゃん』（13年）の例を出すまでもなく、若者の徹底した地元志向はかなり広範囲に浸透してきています。

第3章 ヤンキー135人徹底調査

この章では、マイルドヤンキーの一人ひとりに対するインタビュー調査結果から、彼らの消費傾向や行動傾向に迫っていきましょう。

なお、この調査を一緒に行ってくれたのは、博報堂ブランドデザイン若者研究所の現場研究員である現役大学生たちです。序章に書いたとおり、彼ら自身は首都圏の比較的難関大学の学生が多いのですが、中学時代からソーシャルメディアを介して友達とつながり続ける「さとり世代」特有のネットワーク力を活かし、中学時代の同級生をはじめとする、さまざまなツテを頼って、可能な限り対面調査を試みてくれました。

また、現場研究員の彼ら自身は首都圏の大学生が多いのですが、出身地はさまざまなので、調査対象者であるマイルドヤンキーの居住地は、北は北海道から南は高知県まで広範囲にわたります。年齢は彼らの同級生である20〜22歳が中心となっています。また、調査人数は総計135名です。通常、調査会社などのリクルーティングの網になかなか引っかからない層なので、非常に希少性の高いデータだと言えます。

メンツ重視の悪羅悪羅消費

収入は、同世代に比べて高いパターンと低いパターンに二極化しています。ちなみに２０１２年の20代前半の平均年収は２４２万円、単純に12で割るとひと月の収入は約20万円です（国税庁「民間給与実態統計調査」より）。

まずは高いパターンを見てみましょう。これはおもに男性ですが、中卒でとび職や配管工、土木作業員といった職に就いていると、22歳時点ならすでに社会人7年目です。手取り金額だけで比べれば、四年制大学の新卒社員より高いことも珍しくありません。また、バーテンダーやキャバクラ店の店長のような水商売も、その世代にしては手取りが多いのが一般的です。

たとえば、インタビューをした都内で働く高卒のキャバクラ店従業員の男性（22歳）は典型的な残存ヤンキーです。彼は秋田県出身で、逮捕歴が3回もある筋金入り。他店のキャバクラ店員とたびたびケンカもする、超コワモテです。そんな彼の月収は40万円だそうです。20歳そこそこの月収としては、結構な高額と言えるでしょう。

彼らは、同世代の大学生や一般企業の新入社員などと比べると、収入が多い分、必然的に支出額が大きい傾向にあります。昔のヤンキーよりはおそらく減っているものの、それでも一般的な若者たちよりヤンキー性を持ち、メンツや見栄という感覚を残しているので、そうした感覚も消費を後押ししています。つまり、「メンツによる消費」、今ふうに言えば、「悪羅悪羅消費」がまだ残っているのです。

たとえば、一般の若者である若者研の男子学生たちは、女子と遊びに行っても割り勘にする人が結構います。それに比べるとマイルドヤンキーは、「男は女性には奢《おご》るものだ」という男の見栄をまだ有している人が多いので、そういう点からも消費額が一般的な若者よりも多くなるわけです。

収入の使い道はおもに飲酒、タバコ、スロット、服や靴、ほか遊興費、そして車、バイクです。車やバイクの改造にかけるお金は、昔に比べればおとなしくなっている傾向があるとはいえ、なかには何百万円もかける人もいます。

彼らには多少のヤンキー性が残っているので、金の使いっぷりがいい職場の先輩を憧れの目で見たり、地元で早くに働き始めて羽振りのいい生活をしている同級生を、羨望《せんぼう》の眼差しで見たりする傾向もあります。

ただし、マイルドヤンキーのなかには、その収入が安定的・永続的ではないこと、数

あなたの月収はいくらですか？

①　マイルドヤンキー79人の回答

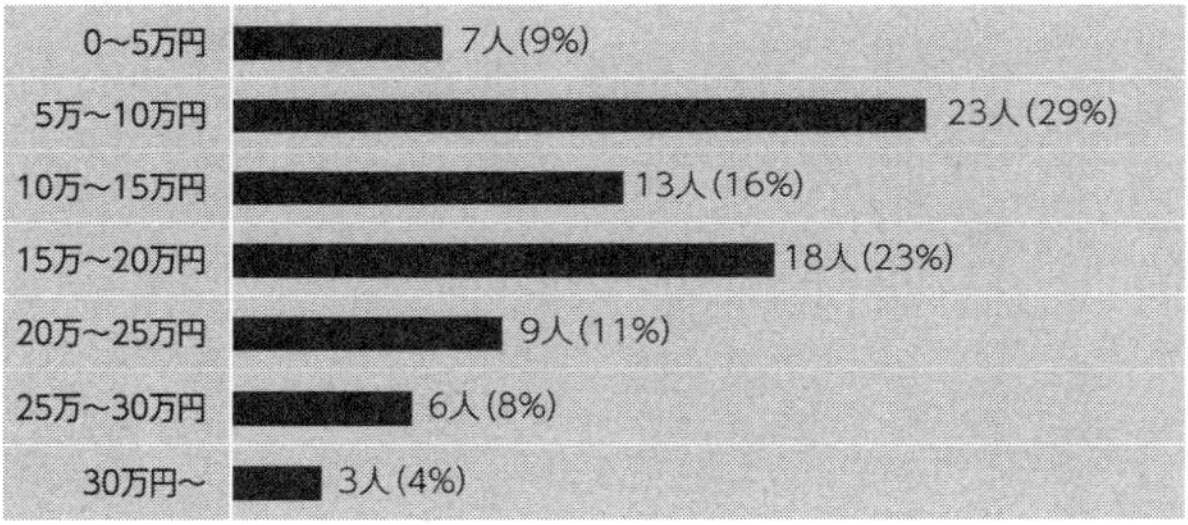

②　表①のうち、大学生・専門学校生のマイルドヤンキー29人の回答

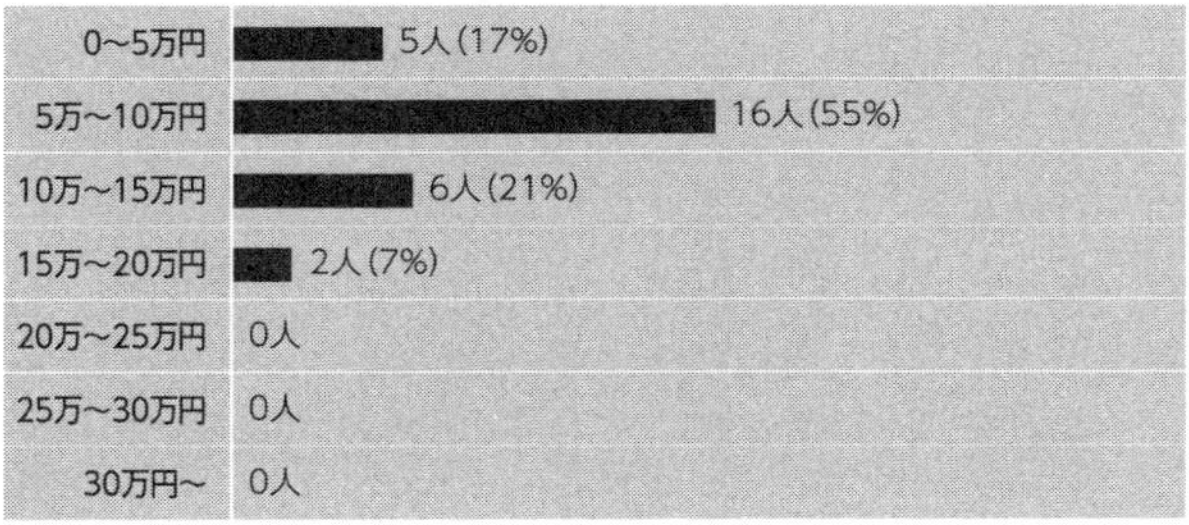

③　表①のうち、社会人・フリーターのマイルドヤンキー50人の回答

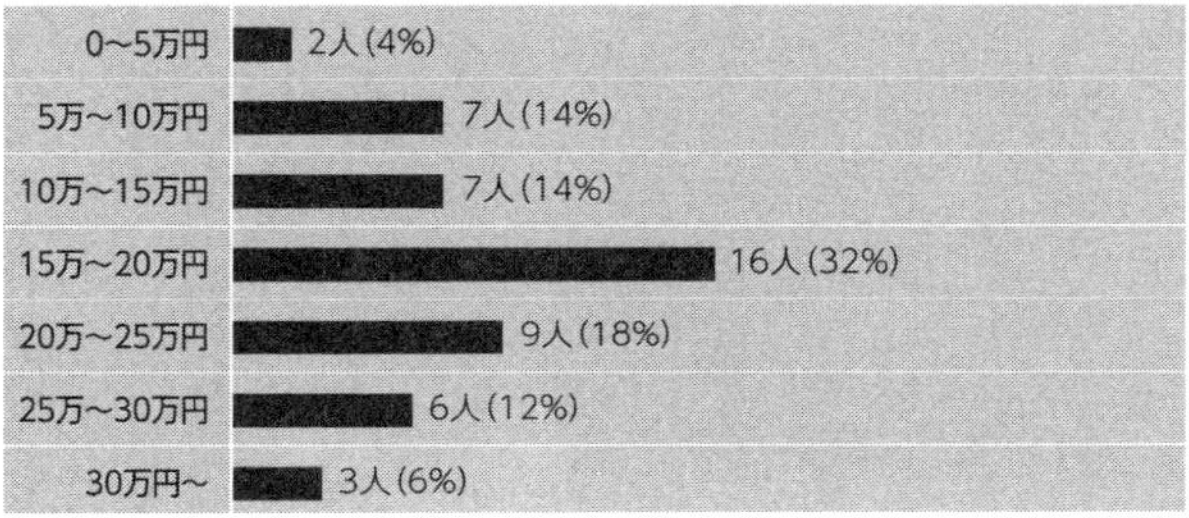

年もすれば、一般企業の社員に収入面では追いつかれ、追い越されることを、なんとなくわかっている人もいます。
ある土木作業員の地元族男性（19歳）は、「保障やボーナスがないので、30年後、自分が50歳を過ぎたときが心配」と、切実に語っていました。ソーシャルメディアによって昔よりもさまざまな友達とつながり、いろいろな情報が入ってきてしまう時代です。マイルドヤンキーの若者であっても、自分の立ち位置がわかってしまうのかもしれません。

一方で、割合として大きいのは、大学生のバイト代より少し多いぐらいの月収の人です。社会人で月収10万円台半ば、地方に行くと10万円台前半という人もいます。極端な例としては、建築関係の会社で事務のアルバイトをしている秋田県能代市の女性（21歳）の月収は8万円。また、川崎市のフリーターの女性（22歳）は5万円でした。もちろん一人暮らしをする金銭的余裕はないので、この人たちの実家率はおしなべて高い傾向にあります。

当然、貯金も総じて少ないと言えます。「数万円～なし」の回答が目立ちました。ただ、貯められるものなら貯めたいという声も多く、これは将来に対する漠然とした不安と、安定志向の表れととることもできそうです。

大学生マイルドヤンキーのバイト収入の多さは注目点でしょう。職種としては、一般の若者が3Kでキツいと敬遠するようになって久しい居酒屋・飲食業が圧倒的に多い傾向にあります。山梨県甲府市で一人暮らしをしている大学4年生の男性は、警備員のバイトで月20万円を稼いでいました。

新宿のキャバクラで一時期100万円近く稼いだという女性もいました。

彼女は都内の大学に通う22歳で、神奈川県大和市の実家住まいです。シフトは通常週に2回、平均して月に20万円程度の収入ですが、最も稼いだときで月100万円くらいあったそうです。付き合って3年目の彼氏はホスト、好きな歌手は安室奈美恵とラルクアンシエルのhyde、飲み屋（ホストクラブ）では月に10万円程度を使うとのことでした。

マイルドヤンキーにとって大切な地元友達とのコミュニケーション費用（居酒屋での飲み代やドライブなどの遊興費）は、ありすぎて困ることはありません。バイト収入が多いことで犠牲になるのは、当然、学校の講義や自宅での勉強時間です。稼げば稼ぐほど、友達と頻繁に交遊できるのであれば、彼らは勉強時間を犠牲にしてでも限界までバイトに励みます。

ギャンブルとの親和性が高い

趣味は何かと尋ねたところ、男性はパチンコやパチスロ、賭けダーツや賭けボウリング、車（ドライブ、車いじり）など。女性は買い物やライブ、ゲームセンターやディズニーランドを挙げる人もいました。

男女ともに多いのが飲酒、カラオケという回答です。

パチンコ、パチスロ、車、ゲームセンター、飲酒……。「若者の○○離れ」という文脈で語られるジャンルのものが多くあります。もちろん、マイルドヤンキーの彼らの間でも、これらから離れている人が増えているのは確かですが、それでも一般の若者と比

パチンコ・パチスロによく行きますか?

①　マイルドヤンキー男性32人の回答

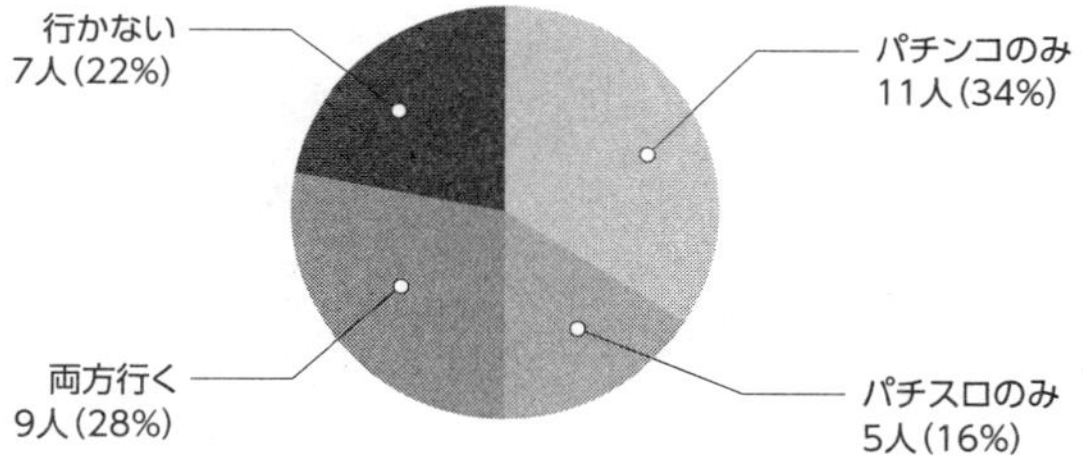

②　図①のうち、大学生・専門学校生14人の回答

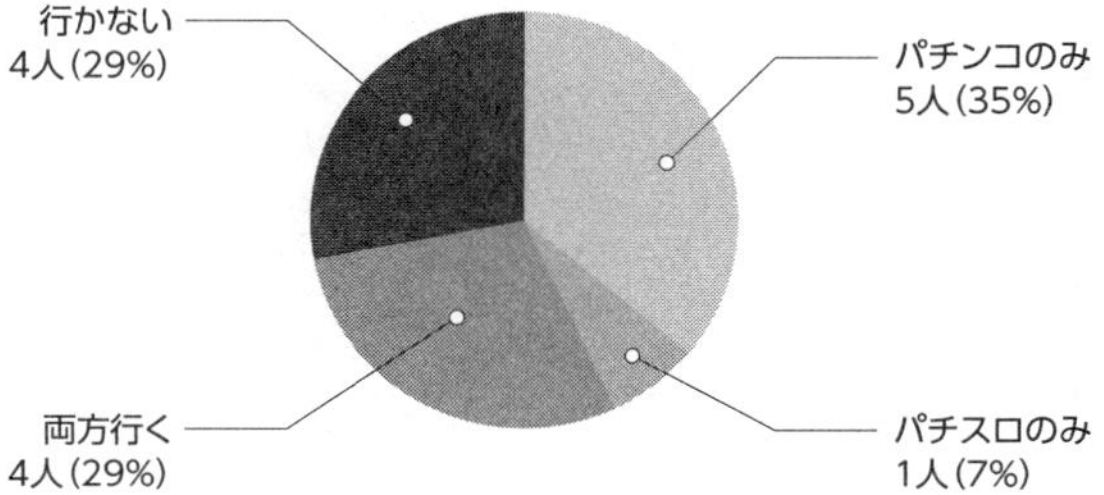

③　図①のうち、社会人・フリーター18人の回答

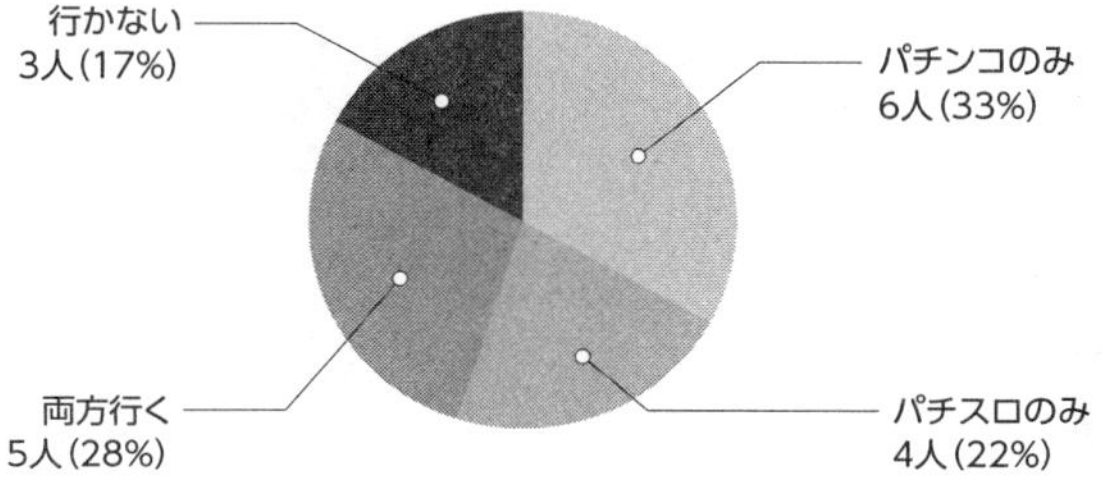

べると、相対的にはまだこうしたジャンルにお金を使う傾向があります。

特に残存ヤンキーは、地元族よりも「見栄」や「ヤンキー性」が残っているので、いかつい改造車や悪羅悪羅系ファッション、パチンコ・パチスロといったギャンブルにまだ消費が向いているようです。

なかでも、社会人マイルドヤンキーのパチンコ・パチスロ趣味率は高いと言えそうです。

特に地方に行けば行くほど他に娯楽が少ないので、ホール通いがより頻繁になります。また、年齢が若いほどパチンコよりパチスロを好む傾向にありました。

以下はパチンコライフスタイルの一例です。


「パチンコとパチスロで毎月10万円程度使う。給料日には必ず打ち、勝った分はその日のうちに使う。後輩を連れてキャバクラに行ったりする」(東京都練馬区の残存ヤンキー・男・23歳・月収は30万円)。

「週に2回程度、夫婦でホールへ。共働きなので、仕事が終わった午後7時頃から閉店まで打つ。最も使うときは夫婦で月に20万円近く。年間100万円以上マイナスだと思う」（高知県の残存ヤンキー夫婦・夫26歳、妻23歳・月収は夫20万円、妻20万円）。
「週に3回程度ホールへ。勝つときは月に15万円プラス、負けるときで月に7万円マイナス程度。勝った日は、回転ではない寿司屋に行く。パチンコで知った『新世紀エヴァンゲリオン』や『交響詩篇エウレカセブン』といったアニメをDVDで借りて観たりする」（高知県の地元族大学生・男・22歳・バイト代は月に8万〜9万円）。

月収からしてみると結構な使いっぷりではないでしょうか。高知の残存ヤンキー夫婦は、「年間100万円のマイナス」でも、ご夫婦の絆を強めるツールになっているのでまったく後悔はしていないようです。

意外にも「趣味はアニメ鑑賞」

意外だったのが、趣味として「アニメ鑑賞」を挙げる若者が男女ともにかなり多くいたことです。

かつてアニメと言えばオタクを象徴する趣味であり、オタクとヤンキーは、教室内でもまったく対極のコミュニティを形成したはずです。

しかしゼロ年代後半以降、ＹｏｕＴｕｂｅやニコニコ動画などの無料視聴メディアが登場し、ＩＴ知識がそれほどなくてもそれらに接しやすくなったことから、アニメ鑑賞を趣味として挙げる若者が属性を問わず多くなったのだと思います。

この、オタクカルチャーの一般化はアニメに限りません。音楽では初音《はつね》ミクに代表されるボカロ文化、ゲームでは課金型ソーシャルゲーム、ライトノベルや漫画もそうです。90年代くらいまでであれば、明らかにサブカルチャーのカテゴリーに属し、ヤンキー文化とは非常に相性が悪かったこれらは、マイルドヤンキーにも許容できる程度に変容しました。

90年代のＴＶ版ではオタクのものだった『新世紀エヴァンゲリオン』が、２００６年以降の新作映画（「ヱヴァンゲリヲン新劇場版」シリーズ）で、10代も含む、オタクでもなんでもない一般の層、ましてやマイルドヤンキーの若者たちも取り込んだことは、それを象徴しています。

今や『残酷な天使のテーゼ』（『新世紀エヴァンゲリオン』の主題歌）は、カラオケでごく一般の若者たちが歌う定番になっています。同作は04年にパチンコ化、05年にパチスロ化もされ、以降現在に至るまで衰えない人気を博しています。若い残存ヤンキーや地元族のなかには、先述のように同作との最初の出会いがホールだったという人も珍しくありません。

なお、マイルドヤンキーたちが好きなアニメとして挙がったのは他に、『化物語』*1『涼宮ハルヒの憂鬱』*2『進撃の巨人』*3『STEINS;GATE（シュタインズ・ゲート）』*4などがありました。

調査対象のマイルドヤンキー（地元族）のなかには、かつて声優の専門学校に通っていたという女性もいました。彼女は川崎市に住む22歳。アニメが好きで、高校卒業後に専門学校に通うも、声優への道は険しいと諦め、現在はニートです。

ゲーム『ファイナルファンタジーVII』に登場するクラウドというキャラクターのファ

ンである一方、好きなアーティストは浜崎あゆみ。彼女はかなり明るい色の茶髪をしていて、見た目は完全にヤンキーそのものです。

また、東京都練馬区に住む土木作業員の男性（19歳）のお気に入りアニメは『化物語』でした。彼は高校を中退していて、子供が一人います（両親が10代での結婚に反対しているため、籍はまだ入れていないそうです）。裏スロットやキャバクラも嗜んでいる、こちらも典型的な残存ヤンキーです。

面白いのは、彼が好きな歌にアニソン（アニメソング）を挙げている一方、ピットブル（アメリカのラッパー）や日本のレゲエアーティストも好んで聴いているということでした。

キャラクター好きはヤンキーの伝統

ヤンキーとアニメ、一見違和感のある組み合わせですが、実は80年代のヤンキー1・0も、のちにサブカルチャーと呼ばれるような流行と親和性が高い側面がありました。

キティちゃんをはじめとする、サンリオのキャラクターものファンシーグッズや、猫が不良の扮装をしたフェイク免許証などが一大ブームを巻き起こした「なめ猫」の各種グッズ、ジャニーズや聖子ちゃんといったアイドル好きの趣味は、その一端でしょう。

また、90年代からのヤンキー2・0以降はその役割を、男性なら『ONE PIECE』が、女性ならディズニーキャラクターが果たしたと言えるでしょう。地方の軽自動車の後部座席にディズニーキャラクターのぬいぐるみが並んでいたり、旦那さんの趣味で『ONE PIECE』のフィギュアがリビングに並んでいたりという光景を、みなさんも目にしたことがあると思います。

東京都大田区に住み、横浜のショッピングモールで販売員をしている22歳の地元族の女性は、趣味がネットでアニメを観ること、好きなブランドはルイ・ヴィトン、ダイアナ、トルネードマート。一方、幼い頃からディズニーグッズが大好きで、タオルやジャージもすべてディズニーでそろえています。彼氏とのデートは近場でご飯を食べるくらいで遠出や旅行はしませんが、ディズニーランドに限っては頻繁に行くそうです。

なお、彼女の好きなアニメは『涼宮ハルヒの憂鬱』と[*5]『ジュエルペット』でした。『ジュエルペット』はサンリオキャラクターなので、どこか昔のヤンキー嗜好と通じるものがあるかもしれません。

EXILEがテッパンの人気

マイルドヤンキーが好きなアーティストは、男女ともにEXILEが圧倒的に人気で、弟分である三代目J Soul Brothersや妹分であるE-girlsもよく名前が挙がりました。

EXILEというグループのヤンキー性については、彼らの見た目からもわりに理解しやすいでしょう。日焼けした肌、黒を基調にした悪羅悪羅系のファッション、肉体を誇示するマッチョ性、メンバー間の仲の良さ、仲間と家族を何よりも大切にする歌詞や言動、たとえば「ヤバい（＝スゴい、面白い）」と互いを認め合い、笑い合ってハイタッチする、など。

特に仲間・家族主義は、EXILEのグループポリシーとも言える概念であり、地元志向の強いマイルドヤンキーの志向と非常にマッチしています。

東京都北区赤羽に住む土木作業員の地元族男性（21歳）は、携帯電話の購入意向についての質問に「EXILEかCHEMISTRYが出した（ブランドの）ケータイがあれば絶対に買う」と答えていました。

また、東京都狛江《こまえ》市に住む配管工の男性（20代前半）は、「尊敬する人はEXILEのATSUSHI、長渕剛、会社の先輩」とのことでした。

EXILE的な考え方のなかでは、地元を捨てて上京したり、ビッグになるために仲間や家族を犠牲にするなどということはもってのほかです。第1章に登場した石神井のケンタロウ（歌舞伎町の居酒屋店員）は、「すごくお金を稼いで六本木ヒルズに住む、みたいな願望はないの？」という私の問いに、

「俺ら、そこまでのVIP願望はないです。お金めっちゃ稼いでなくても楽しくやれればいいし、石神井を出る気はありません」

ときっぱり答えました。

これは「成りあがり」の真逆を行く考え方です。永ちゃんは故郷の広島を捨て、親類縁者と決別し、初期に横須賀で組んだバンドは「ベストメンバーではないが自分がビッ

グになるため」と割り切って、踏み台にした過去がありました。今のマイルドヤンキーが最も重視するのは、成りあがることではなく、地元に住み続け、中学時代の地元友達と一生変化のない生活を送ることなのです。

ヤンキー女子らの心震わす歌姫たち

1989年生まれの西野カナは、彼女と同世代か少し下くらいのマイルドヤンキー、特に地元族女子に人気があります。一部の大学生やネット民からは、真っ直ぐな女の子の気持ちを綴った歌詞がストレートすぎてイタいとか、大ヒットした「会いたくて 会いたくて」の歌詞に登場する「震える」がネタ的に嘲笑されたりしますが、地元族にとってはどこ吹く風。むしろ、歌詞がほとんど日本語で意味が明確なので、好まれているようです。

安室奈美恵と浜崎あゆみは、30代より上の世代からすると、90年代の歌姫というイメージが強いかもしれません。しかし、20歳前後の残存ヤンキーの女性にも、この二人は人気があります。

安室奈美恵は1977年生まれの36歳。SUPER MONKEY'Sというグループを経て、90年代半ばに小室哲哉プロデュースで一気にミリオンセラー歌手となりました。30代より上の皆さんの多くは、概ねこのあたりまでしか認識していないかもしれません。

しかしゼロ年代以降、彼女は洋楽志向・ブラックミュージック志向を強め、ダンスに磨きをかけ、海外公演を重ね、2010年にはアジアの女性アーティストとしては初めてWorld Music Awardsに出演しました。私生活では1997年、20歳のときに、TRFのダンサー、SAMと結婚しましたが、2002年に離婚。現在はシングルマザーです。

キラキラと輝いていた10代。若くして結婚・出産、そして離婚。しかしそれにめげず、自分の信じる道を突き進み、栄光を勝ち取る――。これは、「家庭の不幸によってグレる→しかし頑張って成功」といったような、旧来型ヤンキー女性の生き様として、理想的なロールモデルと捉えられているのかもしれません。

一方の浜崎あゆみは1978年生まれの35歳。98年に歌手デビューし、99年から2000年頃にかけては、当時のギャル系女子高生たちのカリスマとして君臨しました。彼女はオリジナル曲の歌詞を自分で書くことで知られていますが、そこには多分に「自分の過去のトラウマ語り」的要素が含まれています。

実は彼女は、幼少期に両親が離婚して寂しい思いをしており（本人のインタビューでも語られています）、地元・福岡で明らかにヤンキーなファッションに身を包んでいたことも、報じられています。ギャル系女子高生のなかでもヤンキー要素が強かった層は、彼女の表現する世界観に、自分の一部を投影していたのかもしれません。

彼女はかつて精神的に荒れていた時期があったことをファンにも赤裸々に伝えていますし、不遇な人生でも強く生きていくんだというメッセージ性は、自作の歌詞や言動に多々見られます。「Ｔｒａｕｍａ（トラウマ）」という曲の歌詞には、こんな一節があります。

今日のうれしかった顔　今日の悲しかった顔

きのう癒やされた傷と今日深く開いた傷を
あなたなら誰に見せてる　私なら誰に見せればいい

与えられた自分だけの　正気と狂気があって
そのどちらも否定せずに　存在するなら

ムダなもの溢れてしまったもの役立たないものも
迷わずに選ぶよ　そう　私が私であるためにね

安室、浜崎いずれにも、私生活における環境的不遇にめげず、立ち向かう姿勢、言い換えるならクラシックなヤンキー要素のようなものが、歌手活動を通じて表れています。時代を経ても変わらないヤンキー要素の残り香が、女性残存ヤンキーの感性にマッチしているのかもしれません。

なお、フィクションにおける、不良少女の「環境的不遇にめげず、立ち向かう姿勢」

の一例としては、漫画『ホットロード』（紡木たく作・「別冊マーガレット」に86〜87年連載）や、ドラマ『不良少女とよばれて』（84年）がそれに近いイメージです。いずれも80年代的なヤンキー感性の産物であり、女性の残存ヤンキーはそれを正統に継承していると言えるでしょう。

テーマソングは♪ダラダラ過ごして

ここで、第1章に登場した練馬・石神井の地元族がドライブの際に必ずかけて皆で盛り上がる定番曲を2曲、紹介します。反町隆史の「Ｆｏｒｅｖｅｒ」という曲と、ＫＲＥＶＡの「イッサイガッサイ」という曲です。

「Ｆｏｒｅｖｅｒ」は反町隆史のデビューシングルで、１９９７年に放映された月９ドラマ『ビーチボーイズ』の主題歌に使われました。『ビーチボーイズ』は男同士の友情に主眼が置かれたストーリーで、平均23・７％という高視聴率を記録しました。歌詞にはこんな一節があります。

変わらずに流れて行く
時は止められない
これからの道で何があっても
今を忘れないさ

――「Forever」（作詞：反町隆史　作曲：都志見隆）より

いつまでも地元友達と一緒にいたい、年を取っても今の友情を忘れないという、地元族の想いがぴったり重なります。少し古い曲ではありますが、こうした内容が、地元族の若者たちに引き継がれているのだと思います。

一方、KREVAは1996年から2004年まで活動したヒップホップグループ、KICK THE CAN CREWのメンバーの一人です。「イッサイガッサイ」は彼がソロになった後、05年に発表されました。石神井の彼らは21歳くらいですから、彼らが最も多感な中学生くらいで出会った曲です。

「イッサイガッサイ」

作詞・作曲・歌：KREVA

リゾート気分味わってるはずの
理想の自分とは程遠い
でも昨日、今日、おととい、明日、明後日も
日付変わっても夏が待ってる
暑さだって快感に変換　パン一《いち》ないし大胆に全裸
毎晩見ていた12巻セットのDVDも1日で完結
食べたいもの即決まったり　何もしないで夜になったり
夜から遊びに出かけたり　朝目覚まし無しで目覚めたり
もう普通が普通じゃない毎日だから
痛感するんだよ　あぁ　いまさら

お前と居れるなら上出来
きっとこれが理想的

今年は何かしたくて毎日二人はソワソワしてる
この身も心も焦してる
イッサイガッサイのみこんで
今年は何かしたくて毎日二人はソワソワしてる
何がオレらを惑わしてる
イッサイガッサイのみこんで Ahh

(Sunday) ただただダラダラ過ごして
(Monday) まだまだダラダラ過ごして
(Tuesday) 買い物行こう新宿へ
(Wednesday) アーユルヴェーダシロダーラ

(Thursday) check it out 秋葉の電器屋
(Friday) 夢の国 手繋いで
(Saturday) 寝不足で目覚ませば
休みが終わる 間もなく

Funny How Time Files
振り返っても思い出せないくらい
あれもこれもやったね欲張って
いつもよりも時間が濃くなってる
当社比2倍 後悔しないよう楽しんだ分だけ今日は短い
喜んでくれたら上出来 やっぱそれが理想的

(以下略)

この歌詞は、かなり具体的に地元族の気分を表しています。

夏休みにリゾートには行かず、自室で過ごしている。部屋にこもって長時間のＤＶＤ鑑賞。極めて不規則な生活を繰り返す。毎年のようにどこにも行かず、何もせず、基本はダラダラ。新宿へは行ったが特筆すべきことはなし。秋葉原に行ったが（商品は買わずに）見ていただけ。ただし夢の国（＝ディズニーランド）は好き。そして「あれもこれもやったね欲張っていつもよりも時間が濃くなってる」は、平日夜中に集まって詰め込むように楽しもうとする弾丸ツアーの思想そのものです。

石神井の彼らがこの曲と出合った中学時代と言えば、「中二病」という言葉があるように、イタい言動で夢やロマンや野望を語ったり、肥大化した自意識に収まりがつかなかったりするのが一般的だったように思います。

しかしこの歌詞を見るに、そのような「前向きなイタさ」は微塵も感じられません。無気力というと言いすぎでしょうが、絶望はしていないが、何かを達観したような雰囲気です。穏やかな気持ちで、積極的に低位に留まる感覚が見え隠れします。この状況を打破したいという焦りや、打破したいけれどできないもどかしさのような気分は見えません。

高い喫煙率と焼酎人気の理由

次は、タバコと酒についての調査結果です。

マイルドヤンキーが好むタバコの銘柄は、男性は、比較的タールの強いタバコ（たとえば、ラッキーストライクやセブンスターなど）が回答としてよく挙がりました。女性はメンソール系のマールボロアイスブラストの名前が多く挙がりました。

ちなみに、厚生労働省国民健康・栄養調査によると、平成15（２００３）年度の喫煙率は、男性20歳代で55・８％、女性20歳代で19・０％だったのに対し、平成24（２０１２）年には男性20歳代で37・６％、女性20歳代で12・３％と減少傾向にありますが、この質問に答えてくれたマイルドヤンキー82名の喫煙者数は、男性が51人中40人（78％）、女性が31人中18人（58％）と、全国平均に比べれば、大変高かったということを付記しておきます。

若者全体とマイルドヤンキーの喫煙率の比較

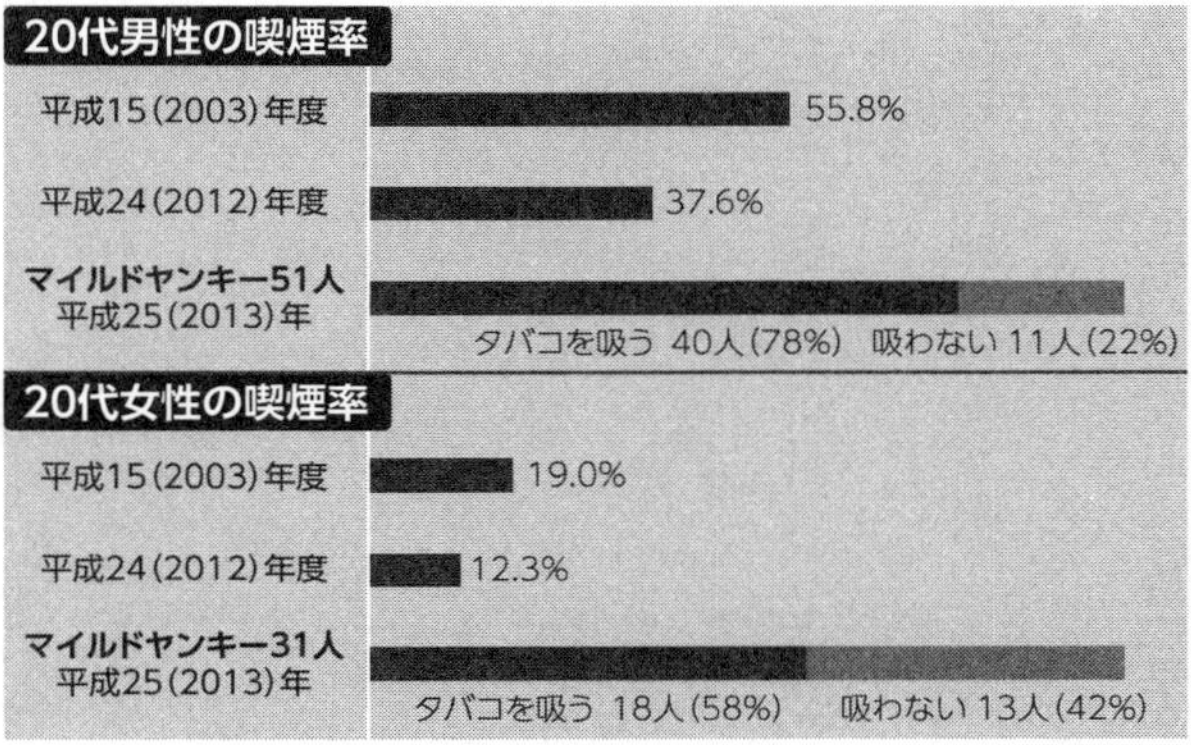

※20代男性・20代女性の喫煙率は厚生労働省国民健康・栄養調査より

酒に関しては、おもに地元族から「あんまり好きではないが、集まりがあれば飲む」というニュアンスの回答が目立ちました。よく、成人式のニュースで無茶な一気飲みをする若者たちがクローズアップされていますが、あれは今ではごく一部の残存ヤンキーです。最近ではこの層でも酒離れが進んでいますが、若者全体から見ると、この層にはまだ積極的に飲む人が残っています。

また、昨今は「若者のビール離れ」という言葉を聞きます。マイルドヤンキーの彼らがビールを飲まない理由としては、「高いから」という答えもありました。

面白かったのは、よく飲む酒の種類という設問に対して、まったく別の地域にいる別の人が、同じように「鏡月（韓国焼酎）のお茶割り」と答えたことです。居酒屋で焼酎をボトル1本頼んでおけば、飲みたい人はたくさん飲めますし、飲まない人は手を付けない、もしくは薄く割って飲めるから、とのことです。

もしこれが一人一杯ずつ頼むとなれば割高になり、あまり飲まない人間も、乾杯時やオーダー時に、頼まねばならない空気になります。そんなしがらみを排するには、「鏡月をボトルで」頼むのが一番なのだそうです。

なお、報告のなかには、地元密着の居酒屋でたまたま居合わせた地元族とおじさんが仲良くなり、おじさんにボトルを奢ってもらって、あとで友人たちと飲むためにキープしておく——という面白いケースもありました。

限りなく宅飲みに近い、自由でゆるい集まり。飲みの目的は飲酒そのものではなく、仲間と楽しく語らうことなのです。

また、酒との付き合い方に関連して「飲めないけどかっこつけて飲めるふりをする」

というヤンキー性を残している人もいます。

かつて私は、東京都北区赤羽のマイルドヤンキーたち（男性三人／居酒屋バイト一人、土木作業員二人）に、ヒアリング調査のお礼としてお酒を奢ったことがありました。

「みんな、酒はどれぐらい飲めるの？」と尋ねると、日本酒をよく飲む、相当いけるとのこと。私もかなりいけるくちなので、うれしくなって一緒に飲み始めたところ、たった20分くらいで彼らは全員ヘロヘロになり、トイレにこもってしまったのです。

「鏡月をボトルで」という、飲めない人間に強要しない工夫した場作りをする一方で、自分を酒豪として強く見せたい悪羅悪羅気質への憧れや見栄も多少は残っている。そんな彼らの、酒への微妙なスタンスがかいま見える調査結果でした。

高級ブランドへの憧れは顕著

マイルドヤンキーの所得水準は先述したようにばらついていますが、ブランド物に対しての物欲は、他の一般の若者たちと比べると、総じて高いと言えます。

最近の高い買い物を聞くと、ブランド物の服、靴、カバン、サングラスなどがよく挙がりました。人気のブランドは男女ともにルイ・ヴィトン、グッチ、コーチなど海外の高級ブランドです。

また、服に比べて比較的安価で手に入る財布では、右記に加えてヴィヴィアン・ウエストウッドやトリーバーチが女性に人気でした。

それからバイク、車、ギターに対する物欲も、ブランド物と同じく、他の層よりも相対的に高い傾向にありました。

ただ、この物欲の高さはあくまで同世代と比べて相対的に、ということです。1980年代後半、バブル期の若者たちの異常な購買意欲に比べれば、やはり減退している感は否めません。

なお、最近の高い買い物で、PCやケータイ、AV機器といったデジタルガジェットと回答した若者は、ほとんどいませんでした。これは、IT方面に関心が低いという彼らの特徴を表しています。

ホスピタリティ優先の車選び

マイルドヤンキーを語るとき、車は避けて通れない重要な消費対象の一ジャンルです。一般的に今の若者たちは「車離れ」していると言われていますが、マイルドヤンキーに関しては、その傾向は当てはまりにくいとお考えください。

第1章の石神井の地元族の例にもあったように、彼らにとって車とは単なる移動手段ではありません。大事な地元の友達と親密な時間を過ごし、絆を育む空間であり、その意味では、自宅リビングの延長です。

そのせいか、所有車・所有希望車ともに、いわゆる走り屋的な車やスポーツカーを挙げた人はあまりいませんでした。

また、高級セダン志向も強くないようです。石神井の地元族の一人であるキドちゃんは、親が所有する7人乗り高級ミニバンを運転しながら、前を走っているセダン型の高級車を見て、「向こうの方が価格的に格上だし、嫌いではないけど、欲しいとは思わない。高級車は普段使いじゃなくて何回か乗れればいい」と言っていました。同乗していた女性も「セダンは雰囲気が硬い」といって敬遠していたのが印象に残っています。

実際の所有車で多かったのは、基本的にはリーズナブルな小型車、軽自動車です。キドちゃんのように親の高級ミニバンに乗っているケースもありますが、経済的な制約という壁は大きいと言えるでしょう。

車は「大きければ大きいほどいい」

そんな彼らが求めている車を聞くと、大型ミニバン（エルグランド、アルファードなど）や高級外車（ハマー、BMWなど）が多く挙がってきました。

まず彼らは見た目が「弱そうな」車よりは「強そうな」車を好みます。

さらに、多くの友達を乗せられるような大きな車（具体的には3列シートのミニバン）志向です。

ただし、弱さ・強さはかつてのヤンキーのような外に対してだけの主張ではなく、身内に対してのカッコつけでもあります。リーズナブルな軽自動車の機能性・経済性は享受しつつも、できれば大きなミニバンで皆をおもてなししたい、皆にその威容を誇示したいということです。

第1章に登場した兵庫県高砂市の地元族男性（25歳、既婚、子供なし）は、

「いずれはアルファードかエルグランドが欲しい。車は大きければ大きいほど良いと、地元友達は皆思っている。早くオーナーになって友達に『やるじゃん』と言われたいし、持てたら達成感がある。自分の周囲ではまだオーナーはいないが、そのうち持つ奴が出てくるんじゃないかと思うとドキドキする」

と言っていました。

神戸市須磨区の残存ヤンキー男性（25歳、既婚、子持ち）の所有車は軽自動車のダイハツ・タント カスタムです。タントは軽自動車のなかでも車内が広いことが特徴の車で、そのカスタム仕様である「カスタム」はゴージャスな内外装です。経済的な制約から、現実的に所有できるのは維持費の安い軽自動車であっても、その制約のなかで精一杯、嗜好を満たそうとする気概がうかがえます。

ところで、私くらいの世代（1977年生まれ）の感覚だと、若い時分にミニバンのスライドドアにはあまり目が向きませんでした。

若いときにはやはり心のどこかにはスポーツカー志向があるので、ミニバンとは、「〝男〟から〝父親〟になることで家族での移動を優先する、ある種の妥協も含めた複雑な感情で乗る車」だったからです。

しかし彼らは、地元友達が乗りやすいというおもてなし心から、むしろスライドドアのホスピタリティを好む傾向があります。ある意味とても現実的ですし、彼らの消費のあらゆる選択基準の上位に「地元友達にとってどうか」というものが入っていることに驚かされます。

同じ価格なら、ラグジュアリーなセダンよりもグレードの高いミニバンを求めるのが彼らの新しい傾向なのです。

スマホ率は高いが、持て余し気味?

さて、昨今、若者を中心に急速に普及の度を高めたスマートフォンですが、マイルドヤンキーたちの所有率はどうなっているのでしょうか。

この質問に回答してくれた56人のうち、全体の9割近くがスマホを所有しており（ガ

■ モバイルフォンは何を使っていますか？(回答56人)

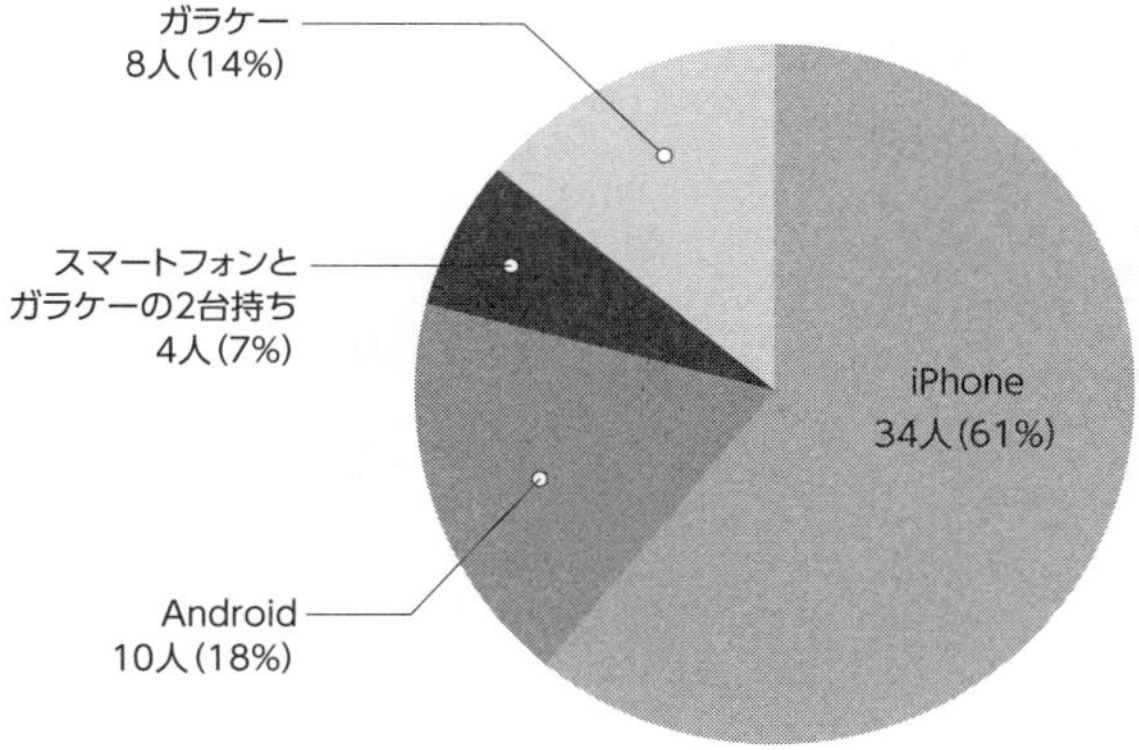

ラケーとの2台持ち含む)、全体の6割以上はiPhoneを所有していました。この調査は2013年10月にNTTdocomoがiPhoneを取り扱い始めるよりも前に実施したものですから、その後さらにiPhone所有率は上がっているかもしれません。

少し前まで言われていた、「地方在住者はガラケー所有率が高い」という定説は、こと若者に関しては、さまざまな社会階層を見ても、ほとんど当てはまらなくなってきており、都会との格差もだいぶなくなっているようです。

ただし、第2章で指摘したように、「I

Tへの関心が全体的に低く、スマホにはしたもののガラケーとほぼ同じ使い方しかしていない」という傾向は厳然として存在します。

では、マイルドヤンキーたちは、なぜ、わざわざ使いこなすのが難しいスマホにするのかと言えば、一つは、そもそもガラケーの新機種がほとんど発売されていないため、機種変更時にケータイショップの勧めに応じて——というケースがあります。「iPhoneが流行《はや》ってるらしい、かっこいい。だから買う」というのもあるでしょう。

もう一つの理由は、彼らが最も大切にしている地元友達との連絡手段として、スマホが必要だからです。具体的に言えば、スマホでの使用を前提としたLINE、Facebook、TwitterなどのSNSを快適に使いたいからということです。

特にLINEはマイルドヤンキーに限らず、この世代のコミュニケーションインフラとして絶大な人気を博しており、もともと持っているアドレス帳からほぼ自動的に相手を登録できる仕組み、メール以上に即時性の高いレスポンス、絵文字的な発想である「スタンプ」の存在などが、多数の若者に受け入れられました。

ガラケーでも機種によってはLINEを使えますが、「いちいち更新ボタンを押さないとメッセージがリロードされない」「新着メッセージをリアルタイムでお知らせしてくれない」「スタンプを購入できない」等、LINE本来の特性をまったく活かせない仕様なので、敬遠されています。

しかし全体的に言えるのは、ケータイの所有機やキャリアに関して、デザインやブランドイメージ、細かい機能性でのこだわりは同世代の他の層と比べると、相対的に低いということです。

キャリア選択のポイントが、家族割が使えるかどうかという点だけだったり、機種変更の理由が「壊れたから」だったり。こだわりがないだけに、使いこなす意欲もさほどなく、いったんはスマホに機種変更したものの、ガラケーに戻した人さえいました。

調査対象のなかにはガラケーでAVを観るという強者の男性もいたので、ガラケーで不都合のない層は、思いのほか多いのかもしれません。

■ マイルドヤンキーのSNS使用状況（回答73人）

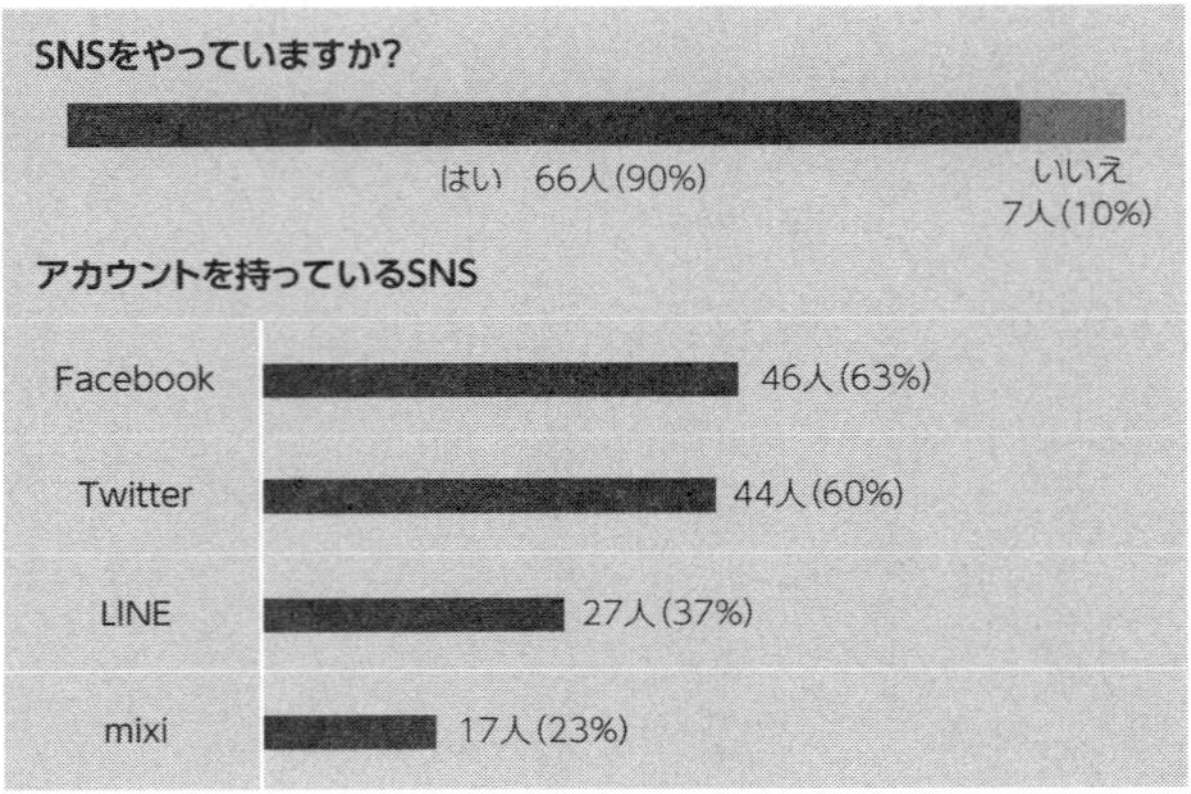

仲間うちにしか通じないSNS

SNSの使用状況ですが、回答してくれた73人中、Facebookは46人（63%）、Twitterは44人（60%）、LINEは27人（37%）、mixiは17人（23%）がアカウントを持っていました。

意識の高い学生やビジネスマンの交流、自己アピールツールとして使われることの多いFacebookのアカウント取得率が多いのは意外ではないでしょうか。ただし、彼らに話を聞くと、人脈づくりや人間関係の新規開拓にFacebookを使用している人はほとんどおらず、「登録だけしてほとんど使っていない」もしくは「仲間うちで遊んだ写真をアップして仲間うちで報告し合う」「Ｔｗｉｔｔｅｒに流したメッセージをそのまま同時投稿しているだけ」という使い方が中心です。

Ｔｗｉｔｔｅｒも同様で、狭い人間関係のなかで過ごしているので、他の人に見られているという意識が希薄で、仲間うちにしかわからない言葉や仕事の愚痴が中心です。知らない人と絡むことはほとんどありません。以下は、水商売に従事する地元族女性のつぶやきです。

愛とか恋とかあきらめて　金稼いで楽しむことにして
もうだいぶ経ったんだけど　まさかのあれだね、うん。
ハードな仕事スケジュールなのに女子力の低下とストレスでますます太った(>_<)/
救えねえデブ！
ちょいと気持ち入れ替え　とにかく自分に厳しく〜

ポエム調の言葉でポリシーや友情を友達同士で再確認するようなつぶやきは男性に多いようです。以下は鉄鋼系の工場で働く男性のもの。

いざというときに居る・助ける・支える・手を差し伸べる。いつでもどこでもどんな時でも。

だいじ。

ＩＴへの関心が高い若者ほどＴｗｉｔｔｅｒでは鍵付き（許可した相手にのみ公開）の傾向があり、鍵なしでつぶやいているマイルドヤンキーに「そのメッセージが誰からも見られうる」という意識は希薄で、あたかも車の中での友達同士の会話を、そのまま世界に中継（もちろん本人たちにその意識はなく）しているという感じです。

「Ｔｗｉｔｔｅｒを、内輪のグループチャット機能がメインであるＬＩＮＥのように使

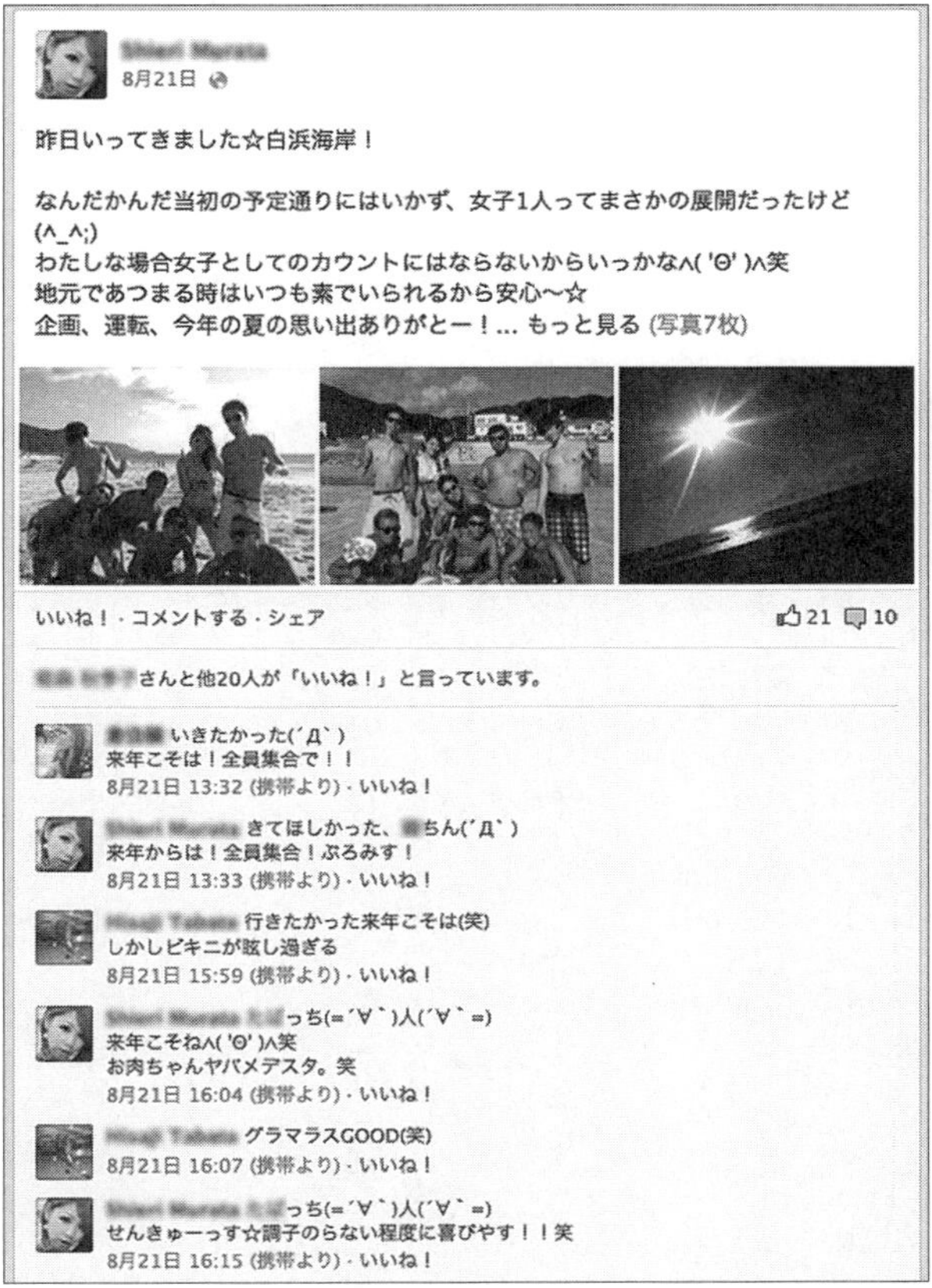

東京都八王子市·21歳地元族女性のFacebook。
仲間うちで遊んだ報告の投稿が中心

っている（＝友達にしか見られていない感覚でつぶやいている）」と形容することもできるかもしれません。

閉じた人間関係がバカッターを生んだ

ここ5年程度の間に起こったソーシャルメディアの普及が、若者の何を変えたのか？

簡単に言えば、昔よりも人間関係を大幅に広げた若者と、昔よりも狭い人間関係を密にする若者に分化しました。具体的に言えば、87ページの図のエリートクラスタの若者たちは、社交的でソーシャルメディアを使いこなす人が多いゆえに、新しい人と出会うとすぐにソーシャルメディアでつながり、人間関係をどんどん外に広げていくようになりました。

一方、マイルドヤンキークラスタの若者たちは、内向的でソーシャルメディアを使いこなせない人が多いがゆえに、携帯を持ち始めた中学時代につながった地元友達と密に連絡を取り合うようになったことで、かつてのヤンキー以上に地元友達との関係が濃く、かつ永続的なものとなりました。結果として、これがかつて以上に新しい人間関係作り

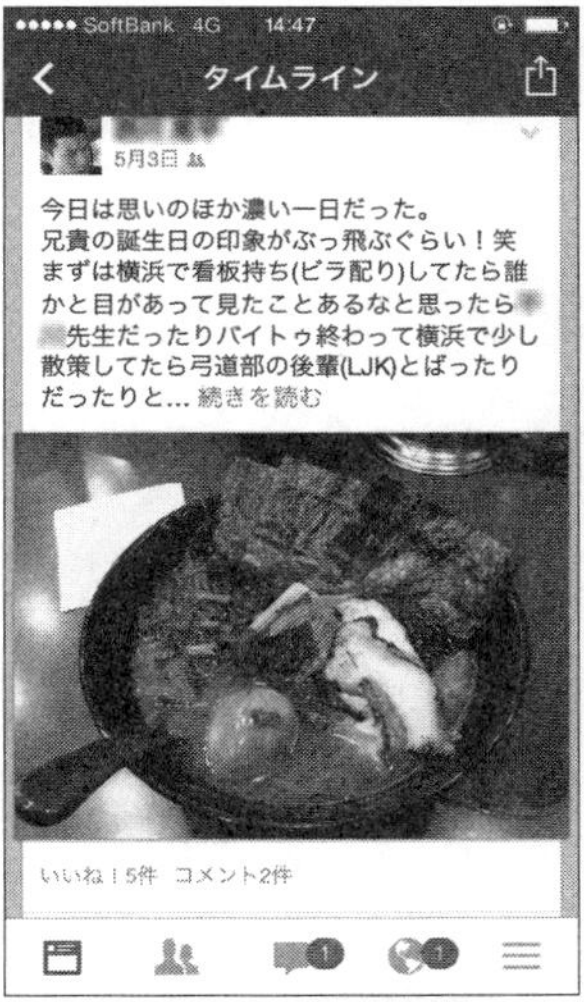

神奈川県横浜市･22歳地元族男性のFacebook。
「身内ネタ」「投稿文字の少なさ」など、閉じた仲間に向けての発信であることがうかがえる。

を阻害する原因にもなっています。

新しい人間関係を作らなくなり、中学時代の地元友達とだけ密に連絡を取り合う……。こうした状況がマイルドヤンキーたちの、ネットが公開の空間であるという認識の希薄さを生み出しました。そして、そんな閉じた人間関係による身内意識の延長線上にあるのが、昨今話題になっているＴｗｉｔｔｅｒへのとんでもない画像の投稿による炎上騒ぎ（「バカッター」と呼ばれる）です。

バカッターの当事者が実際にマイルドヤンキーであると断定することはできないものの、未成年者の飲酒報告、コンビニのアイスボックスに入る店員などのウケ狙いは、まさに中学時代の仲間との悪ふざけ、あるいは、ドライブ中のミニバンのなかでの仲良し同士でのはしゃいだ会話そのものです。

なお、マイルドヤンキーは人間関係数が少ないので、フォロー数・フォロワー数は２桁台が最も多く、２００人台までにほぼ全員が収まります。参考までに言うと、おそらくエリートクラスタに属する若者が多い若者研のメンバーのＴｗｉｔｔｅｒは、鍵付き・非公開の人が多いにもかかわらず、フォロワーは少ない人で200人程度、多いと1000人を超えているので、マイルドヤンキーの人間関係がいかに狭く閉じたものであるかがわかると思います。

Facebookにしろ Twitterにしろ、そもそもの本義は「国などのエリアや社会階層、年齢を超え、つながりを外に広げていくこと」であったはずです。レディー・ガガや孫正義さんと一般人がつながり、会話ができる——そんな理念を掲げて広がったソーシャルメディアですが、マイルドヤンキーに限って言えば、そうした理念とはむしろ真逆で、地元友達との連絡掲示板として使用しているにすぎないのです。

LINEのタイムラインを活用している

マイルドヤンキーのLINEの使い方として特徴的なのが、タイムライン機能の活用です。

LINEには大きく「トーク」「ホーム」「タイムライン」という機能があって、特定の相手とメールのようなやり取り、もしくはグループ内でチャットのようなやり取りをするのが「トーク」。自分で投稿したテキストや写真やスタンプを任意に選択した複数の友達と共有できる場が「ホーム」。友達の「ホーム」の内容を時系列に一覧できるのが「タイムライン」(TwitterやFacebookのようなもの)です。

以下はエステティシャン1年目の地元族女性のタイムラインで、更新頻度は概ね2週間に一度とのことです。

7／18
髪ばっさりんこ＼(^o^)／♡
すっきりー！パーマ初めてやった！
花岡さんありがとー♡
＊髪を切った後の写真をアップ

8／5

私が生まれて
初めて泣いた日から
こんなに泣いたのは久々ってくらい泣いた。
なんだこれ。きつい。きつーーい。
あ、ちょっと盛りすぎたな笑

前にも述べましたが、LINEはその性質上、ケータイのアドレス帳に登録されている番号の相手が、(設定によりますが) 自動で登録される仕組みになっています。

あまり努力をしなくともお手軽に地元友達との連絡が途絶えない、相手の動向が把握できるLINEの機能は、マイルドヤンキーの性向を育んだ一つの土壌です。

仲間の空気を乱す奴はサイアク

マイルドヤンキーの価値観の一端がわかる調査結果をいくつか拾ってみましょう。
「許せないこと」という共通質問に対する答えで、驚くほど多かったのが「嘘をつくこと、約束を守らないこと」でした。

細かく言うと、遅刻やドタキャン、思いやりのなさもここに含まれています。ショッピングモールで店員をしているある地元族の女性は、「マナーの悪い奴は許せない」と言っていました。

彼らは果たしてモラリストなのでしょうか？

おそらく、ことさら倫理に厳しいということではなさそうです。挙がった回答をよく読んでみると、これらはすべて「良好な友達付き合いに亀裂を走らせる行為」です。

マイルドヤンキーが最も大切にしているのは、地元友達というコミュニティ。それを良好にキープすることは何よりも優先されるべきことです。構成メンバーがちゃんと空気を読み合い、仲の良い状態の維持に努めることが彼らにとって何よりも大事なのです。

高知のある残存ヤンキーは、仲間でパチンコに行ったら、勝った人間が皆に招集をかけて、全員に奢るという習慣があると言っていました（彼らに限らず、パチンコ・パチスロユーザーでこうした習慣を報告してくれる人は、全国的にとても多いです）。

喜びを分かち合うのがマイルドヤンキーの流儀であり、逆に、賭けダーツなどで負けたのに払わないメンバーは、その集団から追い出されることもあるようです。それゆえ、「パチンコで勝ったことはFacebookに書かない。書くとたかられるから。大勝ちしたときはLINEで親しい5、6人のメンバーに向けて報告するだけ」などと言っている人もいました。

19歳の地元族男性（アルバイト店員）は、「無駄に騒いだり、テンションの高かったりする人は見ていてムカつく」と話してくれました。これは仲間うちにも当てはまるルールで、要は空気を読んで快適にやりたい、それを乱す者は許さないということです。

このように、「嘘」「約束破棄」「遅刻」「ドタキャン」「空気が読めないこと」は、マイルドヤンキーにとって最大の悪行なのです。

根強い大学生コンプレックス

中卒・高卒のマイルドヤンキーの間には、大学生コンプレックスと呼べるような強い劣等感が存在します。「大学生は嫌い」とはっきり言い切る中卒・高卒の社会人が何人もいました。

これは単に、親の金でチャラチャラ遊んでいて腹が立つというよりは、大学進学率が50%を超え、大学に行くのがごく普通のことである現在、「行けるものなら自分も行きたかった」「将来的に安定した生活を確保できる大学生が羨ましい」という気持ちの裏返しだとも思われます。あるとび職の男性は「とび職になってはじめて勉強の楽しさがわかった。もう一度最初から社会科を勉強したくなった」と言っていました。

もちろん、彼らが大学に行けなかった理由は、学力が足りなかったからとは限りません。調査した方のなかには、家庭の困窮や両親の離婚といったさまざまな事情によって、進学をあきらめた人も含まれていました。

かつてのヤンキーに、大学生に対する羨望は、今よりは少なかったかもしれません。また、たとえ憧れのあった人でも、メンツがありますから、あまりそんなことは口にしない人が多かったでしょう。

矢沢永吉も著書『成りあがり』で、そのような学歴志向を鼻で笑う姿勢を見せていますし、少なくとも80年代前半くらいまでのヤンキーたちは「大学生が羨ましい」とは、あまり思わず、単に別の道を選んだ者として捉えていたように思います。そんなところにも、ヤンキー1・0から3・0への変化が表れています。

ちなみに、若者研のある現場研究員の女性は、有名女子大の学生にもかかわらず、地元族の友達とべったり過ごしています（若者研のメンバーとよりも！）。彼女自身の分析によれば、その理由は「つい最近までは、地元友達とあまり親しくしておらず、たまに地元友達との飲み会に行っても本当には心を開いてもらえてないと感じていた。でも、自分が就活に失敗してからは、地元友達に頻繁に飲みに誘われるようになった」とのことでした。

ライフステージが上がっても中学時代の友達と中学時代に遊んだ場所で地続きの生活を送ることが多いマイルドヤンキーにとって、地元や地元友達を捨て、どんどん新しいライフステージに移行し、新しい友達を増やしていく人は、自分たちとは異質で脅威的な存在です。

ところが、ある時点で失敗し、自分たちのライフステージに戻りたいと考えるようになった友達は、自分たちの考えをやっとわかってくれた存在として受け入れます。まるで一旗揚げようと東京に出たものの挫折して田舎に戻ってきた友人を、温かく迎え入れる昭和のワンシーンのようです。

また、若者研メンバーのある女子学生と、その地元友達(地元族と残存ヤンキーの男子3名、125ページでも紹介)と私で北区の赤羽で飲んでいたとき、印象的なシーンに遭遇しました。酔っぱらってきた地元族がその女子に、「お前はさ、もっと普通になった方がいいよ」とお説教を始めたのです。

彼の言い分によると、地元友達を捨て、大学の活動ばかりか、東京の赤坂に通い、たくさんの企業や社会人と接する若者研の活動をしている彼女は到底理解できない存在。周りの地元族の女子は、もっとEXILEの話で盛り上がったり、毎日いつメンで地元の居酒屋で飲んだり、若い女子としての普通の生活をエンジョイしている。彼女は一体何が楽しいのかわからない——と言うのです。もっと地元の飲みに頻繁に顔を出し、普通の女子に戻ってほしい、との切実な心の声でした。

もっとも、その若者研の女子に、彼らの訴えはまったく届かず、かなり適当に流してしまっていました。彼女としては、「私はいろいろな人と出会いたいし、いろいろなことをやって刺激を受け、成長したい。中学時代の友達と毎日会って、毎日同じような生活を送って、逆に一体何が楽しいの?」という気持ちだったようです。

「あいつは変わってしまった」と寂しく思うマイルドヤンキー男子たちと、「あなたたちと私は違うのよ。でも、それを言ってもあなたたちには伝わらない」とやるせない思いに駆られるエリート女子。一体どちらの方が辛いのでしょうか。

渋谷まで20分なのに「いつかは東京に行きたい」

「地元を離れたいかどうか」という質問の答えで最も多い回答は、「友達と離れるのが嫌だから、これからも地元で暮らしたい」というものでした。また、消極的な理由として「一人暮らしは金がかかるから地元でいい」というものも多くありました。

ただ、「たとえこの先給料が上がるとしても、絶対に地元を離れたくない」という回答が多くあり、単純に経済的な要因だけで地元志向が高まっているわけではない傾向がはっきり出ています。また、「特に離れるとか離れないとかを考えたことがない」という声もありました。

前述した石神井の「弾丸」男性メンバーの一人が語った結婚観は、非常に象徴的です。

「結婚しても、石神井に住みたいし、子供も自分と同じ学校に通わせたい。同世代の地元友達の子供と家族ぐるみで公園で遊びたい。地元友達とはこれからもずっと会っていたい。だから、結婚後も同じように地元友達と付き合うことを理解してくれる女の子と結婚したい。それが理解できない女の子とは絶対に付き合わないし結婚しない。地元あっての自分だから、それを捨てちゃうと自分じゃなくなってしまうので」

一方で、気になったのは、「いつかは地元を離れたい」という声もある程度あったことです。彼らはもう20代前半です。働いている人も多いですし、大学生であれば2年生や3年生が中心なので、地元を出ようと思えばいつでも出られる年齢ですが、大変漠然としています。彼らは一体いつ、地元を出る気なのでしょうか？

ここでマイルドヤンキーの興味深い名言を一つ。ある女性地元族が、「いつかは東京に行きたい」と言っていました。が、彼女の最寄り駅は立川と川崎を結ぶＪＲ南武線の平間。平間から武蔵小杉駅までは2駅、４分。そこで東急東横線の急行に乗り換えれば、渋谷（東京です！）までたったの16分……。彼女の住所は東京、と言っても過言ではあ

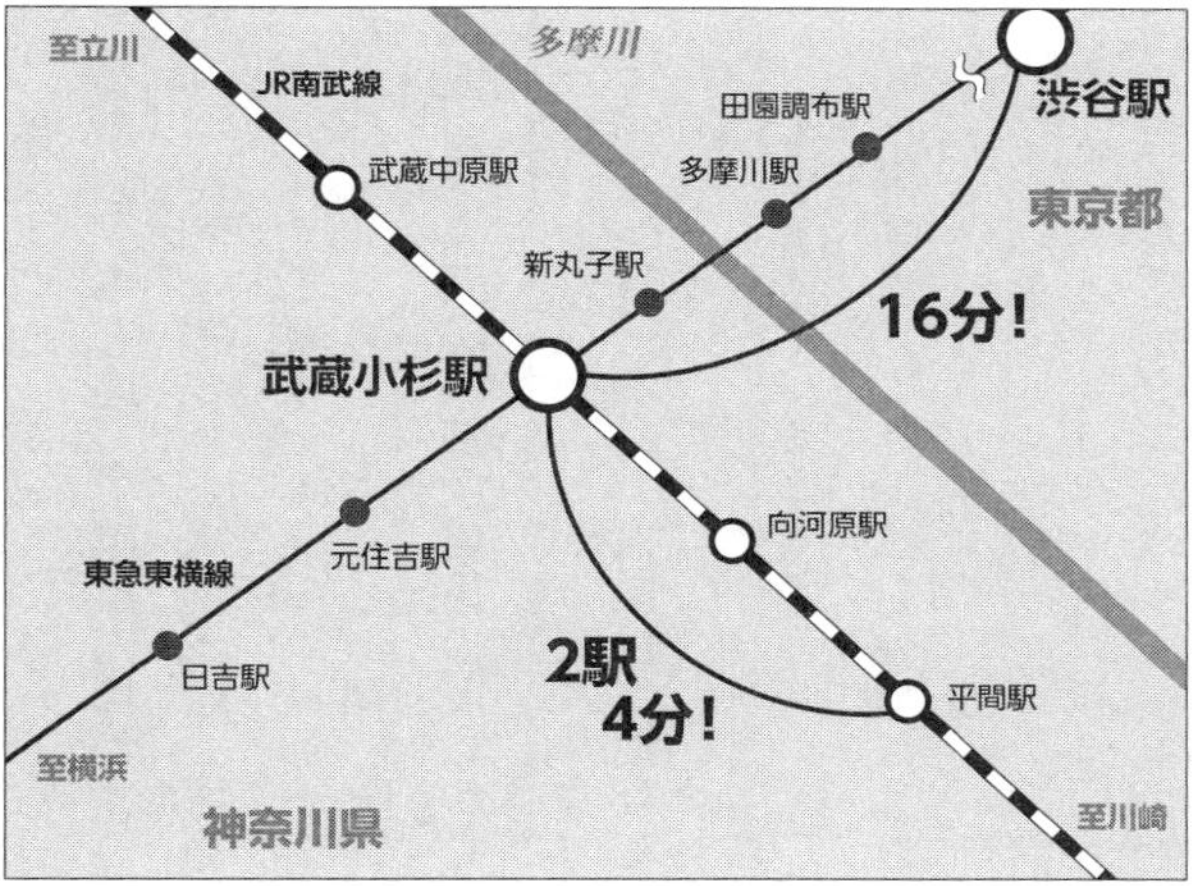

りませんし、少なくとも東京までは思い立ったらすぐに行けるのです。

「すぐに出られるじゃないか！」と思わず突っ込みたくなりますが、彼女は電車に乗るのが嫌いで、武蔵小杉の居酒屋チェーンで地元友達と飲むのが、電車による遠出の限度。それ以外は電車には極力乗らないそうです。

電車に乗るのがイヤ

「電車嫌い」は、大都市圏に住む地元族の大きな特徴の一つです。電車のメリットは、渋滞リスクがある車よりも目的地までの正確な時間が読める、基本的に車より移動時間が短くて済む、駐車場探しに悩まされることがない、飲酒も自由――とたくさんあります。

しかし、車と違って電車内は公共の場所です。視界は見知らぬ他人で埋めつくされており、空間を親しい友人同士だけで専有することはできません。マイルドヤンキーにとって、それは耐え難いものであり、電車のなかではリラックスすることができないのです。

彼らは人間関係が中学生のときから広がっていない人が多く、居心地の良い地元で、居心地の良いいつメンで過ごす傾向にあるので、他人の目に触れるのを嫌う傾向にあります。だから、多くの人の目に触れる電車に乗るのがあまり好きではない人たちが多いのです。

これだけ若者の車離れが指摘されている世の中で、完全に時代に逆行している流れであり、自動車メーカーにとっては有力な消費者と言えるでしょう。

笑い話を一つ。私がクライアントと一緒に作ったある新商品の受容性調査を、その商品の有力な想定ターゲットである「地元族」相手に行おう、ということになったときの話です。情報漏洩の問題上、社外にその新商品を持ち出すことはできません。

そこで若者研メンバーに頼み、地元族の友達に会社のある東京の赤坂まで来てくれるよう交渉してもらったのですが、全員がNG。理由を聞くと、「地元を出たくない」「赤坂が怖い」「電車に乗るのが嫌」だから。普段から地元を離れないで生活を送る地元族からすると、電車に乗って違う土地に行くのも億劫だし怖いし、東京の赤坂なんて何をされるかわからない知らない場所だし、とにかく謝礼をいくらもらっても嫌だ、とのことでした。

候補者の地元族は、東京近郊の川崎や千葉に住む人たちですし、高額の謝礼を用意したのですが、東京中心部へ行くだけ、そして、たった40分程度電車に乗るだけのことなのに、そのハードルが異常に高くなっていることに驚いたものです。

こうした状況ですから、おそらく多くの企業のマーケティング調査（東京であれば渋谷や原宿など、東京中心部で行われるグループインタビュー調査など）も、このマイルドヤンキーにはタッチできずにいるであろうと推測できます。

つまり、ある程度のボリュームゾーンであり、相対的に一般の若者たちよりも消費意欲が高いマイルドヤンキーたちの志向を、多くの企業はつかめていない可能性が高いのです。こうした状況下で作られた新商品が多い世の中では、勘どころを外した商品によって、若者たちが「消費離れ」してしまうことも当然のように思います。

マイルドヤンキーの電車嫌いの話に戻しましょう。電車内では、中吊り広告などの情報を集めるとか、人間ウォッチングをするとか、窓の外の風景を楽しむといった、さまざまな時間の使い方があります。大きな駅に着けば、さらに多くの情報が待っています。しかし地元族の若者にとってそれらの情報は邪魔なものでしかありません。そもそも新しい情報で刺激を受けよう、触発されようなどとは思っていない人が多いからです。

その点、車は完全にパーソナルスペースです。目的地に着いてドアを開けるその瞬間まで、車内は自宅のリビングとまったく同じ状態に保っておけます。その空間内には気の合う地元友達しかいません。他人の目を気にすることなく、大声で話し、笑い、盛り上がり、ジュースやお菓子を回し合ったりできます。もちろん、帰りの電車の時間を気にする必要もありません。夜中でも移動できます。

石神井の地元族たちも、お台場に行く車中では、好きな曲がかかったら女性たちが突如歌い出したり、インタビュー中に過去の弾丸ドライブの話が出ると、「あのとき、半目開けて寝てたよね〜」と後部座席の女性をからかったり、「あっ、東京タワーだ！」と声を出して興奮したり。出発前に集合したメンバーの部屋とまったく同じリラックス空間が、そこにはありました。

実は現状維持だけでもすごい時代

将来の夢については、今就いている職業でのステップアップや「金持ちになりたい」という声、「地元に店を出して友達を呼ぶ、雇う」といった答えがちらほらあったなか、数として最も多かったのは「特になし」でした。

しかし、「特になし」だからといって、将来にことさら絶望しているわけでもないと思います。いくつかの不満はあれど、現状の地元友達との交流にある程度の満足を抱いているからこそ、このまま地続きの日常が送れればいいなと思っているのです。

よくよく考えてみれば、安定成長期終焉後の1990年代初め以降、日本は経済的な低位安定もしくは成熟期に入ったわけですから、前年並みの経済的繁栄は望めません。いわゆる「失われた20年」というものです。

となると、前年並みをキープし、今年と来年が地続きであること自体が上昇である——と言い換えることもできるかもしれません。これは、失業率が高いにもかかわらず妙にのんびり、まったりしている、現在のギリシャの若者の状況をも彷彿させます。


このように、かつてのヤンキーと比べると、大変堅実になってきた今のマイルドヤンキーですが、同世代の一般の若者たちと比べてみると、ちょっとだけヤンキー性を残しています。あくまで他の層と比べてみると、という話ですが、多少のビッグマウス発言をするのです。

特に、外部の人間に対してビッグマウスになる傾向があるようです。先述した赤羽の彼らも酒が強くないのに飲めると豪語していました。特に男性については、月収のようなデリケートな情報や、「ケンカはする」といった悪羅悪羅属性についての質問に関して、多少のビッグマウスによる回答が見られるので、少し留意する必要があります。

ある大学生の地元族は、「高田馬場駅のロータリーで大学生にケンカを売られたので買い、クリーニング代を請求した」と得意げに言っていましたが、実際のところはわかりません。

いっぽう、「夢は結婚、もしくは幸せな家庭を持つこと」という、一昔前の世代が聞いたらその野望のなさに愕然とするような回答も、男女ともに多数見受けられました。ただ、離婚率が3割を超え（厚生労働省の「人口動態調査」などを参考に算出）、不景気が世を覆う現在、「結婚」「幸せな家庭」の二者を不足なく達成するのは、かなり難しいことになっています。

ゼロ年代以降の厳しい日本の社会情勢を、子供時代にデフォルトとして胸に刻んできた彼らが、「夢」としてシンプルに「結婚」や「幸せな家庭」を望むことは、なんら不思議なことではないのかもしれません。石神井の地元族の項で述べたように、彼らは地元で結婚し、家庭を築き、地元友達の家族同士、子供同士で平穏な生活を営むことを切に望んでいます。

逆から見ると、それらを確実に手に入れるための消費ならば、彼らは決して厭《いと》わないと言えるかもしれません。

＊1―『化物語』……西尾維新によるライトノベルを原作としたTVアニメシリーズ。放送は2009年。「物語」シリーズとして、原作・アニメとも以後たくさんの作品が生まれている。
＊2―『涼宮ハルヒの憂鬱』……谷川流によるライトノベルを原作としたTVアニメ。「涼宮ハルヒ」シリーズは2006年と2009年にTVアニメ化され、2010年に劇場版が公開された。エンディングで登場キャラクターたちが踊る「ハルヒダンス」を実際に踊って動画共有サイトに投稿するファンが急増したことでも知られる。
＊3―『進撃の巨人』……諫山創による漫画を原作としたTVアニメシリーズ。2013年4月から9月に放映。原作は2009年「別冊少年マガジン」に連載が開始され、2014年1月現在、連載継続中。
＊4―『STEINS；GATE（シュタインズ・ゲート）』……2009年にXbox360で発売され、以後複数のゲーム機に移植されたアドベンチャーゲームを原作とするTVアニメシリーズ。2011年4月から9月に放映。
＊5―『ジュエルペット』……2009年から放映中の女児向けTVアニメシリーズ。元はサンリオとセガトイズが共同開発したキャラクターグッズ用キャラクター。ゲーム化もされている。

第4章 これからの消費の主役に何を売るのか

前章では、マイルドヤンキーたちの現在の消費動向を明らかにしました。この章ではさらに論を推し進め、「今は持っていないけれど欲しいもの」や「結婚して家庭を持ったらこんなことにお金を使いたい」といった彼らの声を中心に報告します。

そして、その声をもとに、地元族にウケるであろう新しい商品やサービスのアイデアもいくつか列記してみました。このアイデアには若者研現場研究員の着想も多数盛り込まれています。

現市場に存在する商品やサービスを進化・アレンジさせたものから、今はまだ存在しないものまでありますので、数年後の社会を想像しながら、読んでみてください。

高級ブランドがおトクに買える、かわいいアプリ

今現在、マイルドヤンキーが欲しいと思っているもので、男女ともに最も多かった答えが、服、財布、バッグ、靴などの海外高級ブランド品各種です。

何度も申し上げているとおり、かつてのヤンキーに比べると、彼らの消費意欲は減退し、見栄やメンツにこだわることは減っていますが、それでも一般的な若者たちに比べ

ると、彼らには高級ブランド志向が未だに残っているのです。

ブランドを求める理由の一つとして、「良い物を長く使いたい」という考え方があるようです。

良い物を安く手に入れて長持ちさせたい。それはすなわち、経済的であることを重要視した態度です。彼らは伝統や評判に裏打ちされたブランドの品質を重視しているので、少々の型落ちは気にしません（これは、電化製品やPCなどにも言えることです）。さらには、将来的な収入の安定が望めないかもしれないという漠然とした不安が、物持ちの良さにつながっているのかもしれません。

中古のブランド品を取り扱う店は、大手では大黒屋やコメ兵《ひょう》などが有名どころですが、地方に住むマイルドヤンキーだと、必ずしもそういった店の近くに住んでいるわけではありません。

そこで需要が見込めそうなのが、**ネット通販で中古のブランド品を安く買える、携帯**

用のアプリです。

マイルドヤンキーはITへの関心が低いので、PCをあまり使いません。ブラインドタッチができない人も多く、ネット通販を敬遠する傾向にあります。だからこそ携帯アプリという形態にまでハードルを下げれば、きっとニーズに合致するはずです。

決済方法は、極力わかりやすいものであることが必要です。クレジットカード決済の新規登録をさせないで、キャリアから電話料金とともに引き落とされる、ソーシャルゲームのアプリ課金のような仕組みがベストかもしれません。マイルドヤンキーは、地元友達との関係が密なので、アプリを友達に紹介するとポイントが貯まり、購入時にポイントを使えるようにするなどの工夫も面白いと思います。

UI（ユーザーインターフェース）は特に大事です。マイルドヤンキーは、スマホを使いこなせない人が多いので、操作をわかりやすくする設計には細心の注意を払うべきです。さらに、アイコンのかっこ良さ・かわいさもポイントです。アプリの使い勝手といった本質からは外れるところですが、マイルドヤンキーに限らず、若者層向けの商品ではアイコンの見映えはかなり重視される部分です。

もちろん、現状でもさまざまな方法で中古のブランド品をネットで購入する方法はありますが、マイルドヤンキーはネット上にどのようなサービスがあるか、あまり詳しいとは言えません。はっきりと、「中古ブランド品を安く買えるアプリ」に特化した謳い方やプロモーションをしないと、彼らには届きにくいかもしれません。

東京都練馬区に住む地元族の男性（とび職・20歳）は、「旅行したいが、航空券を買うのが面倒」と言っており、その友達である若者研の大学生がオンラインで航空券が買えることを告げると、かなり驚いていたそうです。これはやや極端な例かもしれませんが、マイルドヤンキーは、すでに存在するサービスを「知らない」ために使っていないケースも多いのです。

PCと違い、ケータイ端末は網羅的に調べるようなオペレーションがしにくいので、「検索すればうちのサービスが見つかるでしょ」というサービス業者側の理屈は通じません。何から何までお膳立てし、彼らに確実に伝わる手段で知らしめ、ムダな選択肢を減らして彼らのストレスを軽減することが、マイルドヤンキー相手の正しいサービスの形なのです。

そういう意味では、「らくらくホン」のような簡単ケータイは高齢者だけでなく、マイルドヤンキーにこそ向けて作られるべきではないでしょうか。

ご近所に恥ずかしくない子供服

結婚願望と、それにつながる子づくり願望は男女ともに大変高いものがありました。マイルドヤンキーにとって、家族をつくるということは、人生における最優先課題であり、人生の幸せとは自分がつくる家族の幸せとイコールなのです。

それゆえ、結婚後に何にお金を使いたいかという問いの答えは、圧倒的に「子供服」でした。結婚前、すなわち現在欲しい物がブランド品をはじめとする嗜好品だったのに対し、結婚後となると一転して子供にお金を使いたいと口をそろえて主張するのが、マイルドヤンキーの特徴です。

子供服のブランドとして挙がったのは、キッズに特化したＲａｇ Ｍａｒｔ（ラグマート）、Ｓｅｒａｐｈ（セラフ）、ＲＯＮＩ（ロニィ）など。憧れとして、ラルフローレン、バーバリー、アナ スイといった大人服ブランドのキッズラインを挙げる人もいました。

「自分が好きなブランドを子供にも着せておそろいにしたい」「周囲に恥ずかしくない服を着せたい」という子煩悩な意見が、まだ20歳前後の若者の口から当たり前のように飛び出してきます。これは、周りにヤンママやヤンパパが多いというところからきているリアリティなのかもしれません。

もちろん、ブランドにはこだわらないという声もありましたが、その場合でも、「値段や品質も重視したいが、かわいさはあきらめたくない」「雑誌などで流行はつかみたい。近所の人にかわいいねと言われるくらいにはオシャレでありたい」「カラフルなもの、耳やしっぽとかついているコスプレのようなものがいい」といった、外見に対する気遣い、こだわりは捨てたくないようです。

「子供は成長してすぐ着られなくなるんだから、着せる服は安くて丈夫なら十分」という昔ながらの発想は、ここにはありません。マイルドヤンキー自身が昔のヤンキーよりオシャレになってきていることも、影響しているかもしれません。

この調査中、若者研の現場研究員が、以下のような考察をしてくれました。

「地方では周囲の目を必要以上に気にする傾向がある。そのため〝子供服〟という外見の部分に投資する人も多いのではないか」。これは、地方はもちろん、東京の残存ヤンキー——つまり未だに見栄を重視する層——にも当てはまることだと思います。

いずれにせよ、現代は晩婚化、非婚化が加速度的に進行していますが、マイルドヤンキーはそういった社会の趨勢には乗りにくく、昔ながらの強い家族意識を持ち続けているようです。

アマチュア家庭教師マッチングサービス

子供へのお金のかけ方として、特に女性地元族からは、習い事をさせたいという声がよく挙がりました。具体的にはスポーツ教室や英語など。いずれも、学校での成績アップや教室内での立場向上につながるものです。子供を、少なくともスタート時点では良い位置に立たせたいという親心が見えます。

これはあくまで推測ですが、子供には習い事をさせたいという思いは、前述した大学生コンプレックスの反動もあるのかもしれません。「(大学に行けなかった自分とは違って）子供に苦労させたくない、不自由のない人生を歩んでほしい」という切実な願いの表れであるとするなら、そんな心境を刺激する広告宣伝方法は功を奏すのかもしれません。

前出の神戸市須磨区に住む残存ヤンキーの夫婦（夫25歳、妻23歳、子持ち）は、低収入のため、奥さんの実家に住んでいますが、それでも「子供には習い事をさせたい、好きなことをやらせたい」と熱く語っていました。

この需要にはまりそうな新サービスとしては、信頼できるマイルドヤンキーの親同士のネットワークを活用した、**自分の知識や能力を活かした、アマチュア家庭教師マッチングサービス**です。

習い事をさせたいものの、経済的には厳しいマイルドヤンキーの家庭も多く、生活費に占める将来的なランニングコストを抑えようとする傾向にあります。習い事にかかる出費を決断するには、相当な思い切りが必要なのです。

であれば、近隣地域で野球が得意な大人や、ヒップホップダンスが得意な大人同士などをネット上でマッチングして、互いに相手の子供に格安で教え合うような互助会的なサービスは面白いかもしれません。結婚して疎遠になっていた友達同士が、互いの子供を通じて再び交流を深めることもあるでしょう。

この発想、実は米国西海岸を中心に数年前に発祥した「シェア」の考え方に近いものがあります。自宅の使っていない部屋を誰かに格安で貸し出す、年に数回しか使わない大工道具は近隣住民で一つだけ買って使いまわす。使う曜日が違う家同士で1台の車を共有する、などです。

企業体による中間搾取を経ることなく、当事者同士のニーズマッチングで需要と供給を一致させ、持ちつ持たれつの状態を維持しつつ、総コストを下げる。これは、地縁コミュニティ内での交流が盛んなマイルドヤンキーには特にフィットしたサービス形態であり、都会に単身上京した（隣人の素性を知らない）人よりも、サービス利用のハードルが低いと考えられそうです。

初期投資は安め、アレンジ前提の大型車

マイルドヤンキーの間に未だに残っている車所有欲にはこれまでにも言及しましたが、結婚後はさらにその傾向が強くなります。ただし、高級セダンやスポーツカーを挙げた回答はほとんどなく、**家族が快適に乗れる、ファミリーユースの大型ミニバン**をほぼ全員が欲しがっています。

車の用途としては、判で押したようにかなり多くの人が「家族や友人家族とキャンプやバーベキューに行きたい」と回答していました。「結婚したらドライブして家の外でバーベキューをしたい」（21歳・男、東京都狛江市）、「旦那と子供と一緒にピクニックやキャンプをしたい」（24歳・女、富山県）、「ファミリーカーを買ってバーベキューやオートキャンプに行きたい」（21歳・男、神奈川県横浜市）など。

現在でもそういった仕様の車種はたくさんありますが、その需要は、スポーツタイプの車や車高の低い車とは対照的に、ますます上がっていくでしょう。

そんななか、**ベース車の装備は極限まで簡素化して安価に設定し、自分で好きな部分**

をアレンジできるモデルは人気が出そうです。マイルドヤンキーはヤンキーの血を引いているので、ライトやバンパーに施す「いかつめ」の改造を好む傾向があります。しかし初期投資は極限まで軽い方がよく、余計なラグジュアリー感を彼らは求めていません。金銭的な余裕ができたら、少しずつ手を加えていけばいいという考えなのです。

「夫婦水入らず」は求めていない

子供を持つマイルドヤンキーのお金の使い方は「子供と一緒に」「子供仕様で」が最重要キーワードです。複数の、おもに地元族男性から出た「子供と一緒に行ける居酒屋が欲しい」というリクエストは、地元族仲間との交流と家族のふれあいを同時に達成したいという気持ちの表れです。

東京都練馬区の地元族男性からは、「地域密着の居酒屋に子供連れで来店する人を見て、そのアットホームな雰囲気に憧れた。店員と子供も仲が良くて楽しそう」という声が採集できました。

多くの居酒屋では子供入店を禁止にしているわけではありませんが、はじめから子供同伴推奨を謳っている店であれば、より安心して地元友達家族同士の飲みに興じることができるでしょう。

また、マイルドヤンキー家族が、電車嫌いで車好きであるケースが多いことを考えると、駐車場が完備されていることも重要かもしれません（旦那さんは飲み、奥さんは飲まないなどといったシーンが想像されます）。

彼らは先述した車での旅行やバーベキューといった各種レジャーも、すべて「子供ありき」。子供を切り離しては考えていません。

「たまには子供を預けて夫婦水入らずで」というサービスは、都心を中心にレストランやコンサートホール、映画館などに存在しますが、ことマイルドヤンキーに関してはあまり意味がないようです。

ただ「いつも家族一緒に」というと聞こえがいいですが、これは意地悪な言い方をすれば「今まで自分が継続してきた地元密着型の生活様式に、子供を巻き込む」こととも言えます。

地元友達と培ってきた関係を崩したくない、結婚後も結婚前からの地続き生活を望む。

そうした思いが、家族単位での行動、家族ぐるみの付き合いの根っこにあるのかもしれません。

マイルドヤンキーの子供主義とブランド好きを重ね合わせると、**親子おそろいの「ニコイチ・サンコイチ高級ブランド」**というコンセプトは彼らに受け入れられやすいと思います。

ニコイチとは、漢字では『二娘一』『二仔一』、サンコイチは『三娘一』『三仔一』などと書きます。つまり「二人で一つ」「三人で一つ」という意味で、それだけ仲の良いことを表す言葉です。最近では、ニコイチファッション（ペアルックのこと）やサンコイチファッション（三人で同じようなファッションをすること）などが若者の間で流行っています。

また、**車の高級チャイルドシート**は、車内という仮想リビングをグレードアップさせたいという思いと、子供にお金をかけたい気持ちを同時に満足させるアイテムとなりうるでしょう。

子供同伴を想定したパック旅行も注目を集めそうです。格式あるホテルやそこに入っているレストランでは、子供の振る舞いがどうしても気になってしまうものですが、はじめから騒いだり食べこぼしたりする子供を想定したプランであれば、親も安心です。

加えて、マイルドヤンキーは地元友達の家族との付き合いも密ですから、自分の家族だけでなく友人家族も誘えばさらに安くなる「**2家族（以上）団体割引**」のようなサービスにも可能性がありそうです。

一軒家を持ってはじめて一人前

結婚、子供とセットになっているのが、強いマイホーム志向、特に郊外から地方にかけては一軒家志向で、多くのマイルドヤンキーが「子供＋マイホーム」をセットで考えています。一時期、都会人のライフスタイルとして定着しかけた、永続的な賃貸志向は、ここには微塵もありません。

これは富山県の地元族の例ですが、「マンションだとよそ者扱い」「一軒家を持つのが当たり前、持ってこそ一人前」という地域の常識によって、他に選択肢がないという事情も報告されました。

建てる場所は当然地元です。都心の高級マンションなどという発想も見られません。雑誌名にもなった「都心に住む」志向は、マイルドヤンキーの頭にはありません。金銭的な理由はもちろんですが、それ以前に、地元を離れたくないのです。

もちろん、全国的に見れば、東京を中心とする大都市圏への人口集中は続いています。2012年の、東京都・大阪府・神奈川県の人口集中率は24%。10年前の23%と比べても、むしろ微増しています（総務省統計局の「人口推計〈平成24年10月1日現在〉・〈平成14年10月1日現在〉」より）。

ただし、このなかには、どうしても地元に職がなくて、いたしかたなく都市部へ移る層も相当数いると思われ、本音を言えば地元に残りたい〝仮面都会人〟の存在は考えるべきでしょう。

いずれにせよ、ここまで地元志向が強いのであれば、住宅メーカーや銀行は率先して、**地元友達割、もしくはキャッシュバック**をやるべきでしょう。地元友達は基本的に同級生・同世代ですから、結婚や家を建てる時期は比較的近いはずです。

そこで、一定期間内、たとえば1年以内に、友達同士がその住宅メーカーの営業管轄地域内に家を建てたら、両方の建築価格やローンの金利が優遇されたり、キャッシュバックされたりというキャンペーンはいいかもしれません。

住宅メーカーとしても、競合メーカーに客をとられることなく2軒分あるいはそれ以上をまとめて受注できるため、メリットは大きいはずです。ある地域に建てられる家の数（＝土地の数）は限られているわけですし、マイルドヤンキーとしても、もしサービスの良い住宅メーカーや、有能な担当者にあたった場合は、親しい友人に紹介したくなるでしょう。

一世一代の買い物において、地元の友達からのお墨付きほど彼らにとって信頼できるものはないのです。

旅行は「したいけどしたくない」!?

今、20代の若者の間では、国内旅行をする人の比率も、海外旅行をする人の比率も下がってきています。ところが、今回の調査では結婚前、結婚後を問わず、「旅行に行きたい」というマイルドヤンキーは非常にたくさんいました。

面白いのは、この「旅行に行きたい」というのがほとんど願望レベルに近く、いつ、どこに行って、何をしたいかという部分は、かなり漠然としているということです。第3章に登場した平間の地元族女性の「いつかは東京に行きたい」と同様、「いつか旅行に行けたらいいなあ」という程度の気分です。

この調査結果のポイントは三つあります。

一つめは、彼らの言う旅行とは、かつて若者の間で流行ったような、冒険としての旅行――バックパッキングやヒッチハイク――ではなく、完全に保養やレジャー、息抜きや癒やしとしての旅行であるということです。名所旧跡を巡って見識を深めるとか、秘境を探検したいといった希望はあまりなく、メディアで紹介し尽くされている、彼らにとっては十分に既知の、安心感もあり、レジャー感満載な場所が人気でした。

たとえばキャバクラに勤める21歳の女性は、「カリフォルニア、カナダ、オーストラリアとか海外、沖縄、北海道とか、わーわーはしゃぐ旅行がしたい」と回答していました。その理由を聞くと「(情報源が少ないから)有名な観光地しかわからない。もしくは友達が住んでいた場所や、友達が行ったことのある場所しかわからないので、そこに行ってみたい」とのことでした。

二つめは、旅行の目的が目的地そのものではなく、同行者との親睦を深める点にあることです。第1章の「弾丸」で、目的地であるお台場がそれほど重要ではなく、道中での車中コミュニケーションが大事だったのと同じです。このコミュニケーション相手が、今は地元友達であり、結婚後は家族、特に子供へと移り変わります。「子供と一緒に旅行をする」が、結婚後にしたいこととしてかなり頻出していたのは、特筆すべき点でしょう。

三つめは、彼らは「旅行、旅行」と言っている割に、どこに行ったらいいか、もっと言えば世界にどんな「自分たちが望んでいる場所」があるのか、よくわかっていないということです。口をついて出てくるのは、ハワイやモルディブといった、テレビなどでよく見かける有名観光リゾートばかり。「知っているもののなかから選ぼうとする」。これはマイルドヤンキーの大きな特徴です。

これらを踏まえると、彼らにニーズがありそうなサービスがおのずと浮かび上がってきます。

マイルドヤンキーは、未知の旅行先をしっかり調べたり、準備したりということを億劫がりますから、いっそのこと、**実際に旅行しなくても旅行した気分が味わえる商品**はどうでしょうか。

たとえば、百貨店でやっている国内物産展を世界規模にするイメージで、ショッピングモールのフードコートで世界のグルメが楽しめるような企画などです。各地域の特徴的なお土産と食べ物を詰め合わせたギフトセットや、ご当地料理が自宅で作れるレシピ本なども良いと思います。

「実際には旅行していないから意味ないのでは？」とお思いでしょうが、これでも彼らにとっては、息抜きや癒やしの効能は十分に果たせるかもしれません。

東京ディズニーランドはハズさないから大好き

マイルドヤンキーにテッパン人気の東京ディズニーランド（東京ディズニーシーも含む）。この日本一有名な遊園地とマイルドヤンキーとの親和性について考えてみましょう。

どんなに出不精の彼らでも、ディズニーランドだけは別物のようです。訪れる頻度は女性を中心に大変高く、「一時期、毎週のように行っていた」「飲んだり遊んだりは基本地元だが、ディズニーランドにはよく行く」という回答がありました。そして、万年金欠を言い立てる人でも、ディズニーランドに使う金は惜しみません。

娯楽施設としての完成度の高さや、他の遊園地と比べて頭ひとつ抜けたメジャー感、ファミリーにやさしいホスピタリティは人気の理由としてごく自然に思いつきますが、それ以外に、マイルドヤンキーに人気を博す理由があります。それは、旅行の項でも触れましたが、既知であることです。

彼らからは「息抜きが欲しい」という声が多く寄せられましたが、息抜きやリフレッシュだけなら、行ったことのない場所に旅行する、ということでもよさそうなものです。

しかし、マイルドヤンキーに綿密な旅行計画を立てるような意欲や精神的余裕はありませんから、よく知っていて、周囲の地元友達によってクオリティが保証されている場所に行く方が「ハズレ」がありません。

「ハズレを引きたくない」。この、人生観にまで連なるマイルドヤンキー、特に地元族の徹底的な安定志向は、こういったところにまで浸透しているのです。

これらを踏まえ、友達や家族との行動を最重要視する彼らのために、**家族同士による、大部屋宿泊ディズニーリゾートツアー**などは、いかがでしょうか。3家族以上のグループに限り、パークのチケット代と15名程度の大部屋での素泊まり宿泊費をセットで提供、といったようなものです。

入場料のディスカウントは難しいにしても、大部屋・素泊まりとすることで、家族間の交流と食事代の節約が同時に達成できます。

また、ディズニーランド自体に**25歳以上の既婚男性三人以上が集まると割り引かれるような料金体系**があると、意外にニーズがあるかもしれません。ちょっとした息抜きを、地元飲みのノリで楽しむ。「家族を持って、前ほど会えなくなったけど、地元の友達とあの頃に戻りたい」という男性地元族の声はよく聞きますから、これはうってつけのはずです。

「遊園地に男だけで？」なんて眉をひそめる時代はとっくに終わりました。昔みたいに皆で騒いで……をどれだけ再現できるかということが望まれているのです。

ハロウィン、外車……手軽な非日常を探せ

ディズニーランドがなぜ息抜きになるかと言えば、そこにはパッケージ化された非日常があるからです。地球の裏側に行かなくても確実に手に入る、手軽な非日常。これはマイルドヤンキーの大好物です。

ここ数年で日本でも完全に定着した、毎年10月31日のハロウィンも、息抜きとしての非日常を体現するものです。宗教的意味合いをまったく帯びることなく、仮装という非日常感を内輪でのどんちゃん騒ぎで味わうという構図は、マイルドヤンキーの感性にピタリとハマっていると言えるでしょう。

ハロウィンが近づくと、ディスカウントストア（ドン・キホーテなど）で仮装グッズが全面展開されるのも、この風潮に拍車をかけています。同店は幹線道路沿いの立地であることも多く、そういった店は大駐車場を完備しているため、車移動中心のマイルドヤンキーには親和性が高いのです。**ハロウィン用の仮装グッズやパーティプラン**などは、今後も安定的な需要をキープするでしょう。

もう一つ、手軽な非日常を提供するサービスを提案します。車好きの地元族や残存ヤンキーに向けて、**高級外車のカーシェアリング**にはニーズがありそうです。対象になるのは、たびたび「欲しい車」の回答に挙がっていた高級ミニバンや高級外車です。

地元仲間同士のシェアであれば近隣の駐車場やコインパーキングに車を置けますし、顔を見知った地元友達とのシェアなら、安心感もあります。従来のカーシェアリングは近隣地域ではあっても、まったく見知らぬ人同士での利用だったので、その点が異なります。特定家族に使用を限定するのであれば、はじめから**共同所有を念頭に置いた仲介**

サービスであってもよいかもしれません。

それに仲間同士であれば、次に使う人へのメッセージや遠出した際のお土産を車内に置く、といったコミュニケーションがとれます。車内にお菓子や子供用の絵本・DVDなどを置きっぱなしにすることも可能ではないでしょうか。

「仲間とくつろげる場所」が欲しい

「いつでも地元友達と交流できる場所が欲しい」と願うマイルドヤンキーは少なくありません。

ただ、行きつけの居酒屋にしろファミレスにしろ、公共の場所では他の客の目もあるため、大人数で心置きなくというわけにはいきませんし、宅飲みにしても所帯持ち・子持ちとなると、あまり遅い時間まで騒ぐのは難しくなってきます。「仕事終わりに、皆とゆっくりできる場所が欲しい」という意見には、切実なものがあるのです。

彼らが欲しいのは飲食サービスでも、豪華な設備でもなく、居心地の良い「場」そのもの。であれば、**格安のレンタルルーム**は彼らのニーズを捉えそうです。設備は簡素で構いませんし、酒や食べ物は持ち込み制にすれば厨房を設ける必要もない。営業側のハードルは低いわけです。

地域内でアクセスの良い場所に駐車場付きで部屋を確保し、飲んだらそのまま雑魚寝《ざこね》できるような布団やマット、最低限の食器程度は常備しておく。

ピザを配達してもらってもよし、鍋などをやるもよし。酒は自販機でも備え付けておけばOKでしょう。コンビニが近くにあればそれすら必要ありませんし、近隣に地元の商店などがあれば、部屋の利用者に割引クーポンを発行するといったサービスもありでしょう。

予約は携帯から1時間単位で可能、週もしくは月単位での契約プランも作っておけば、仲間うち数人で料金を割り勘にして複数の鍵を共有するということもできます。

さらに、もともとマイルドヤンキーにとっての定番スポットである「ラウンドワン」のような**複合アミューズメント施設のフードコート拡大版**も、家族連れに需要を生みそうです。

アミューズメント施設には食事処がないことも多く、利用者が近隣のファミレスやファストフード店に移動するケースもあります。しかし、長時間滞在させるために、家族で食事が取れる場所の確保は必須です。

また、大型ショッピングモールなどの充実したフードコートが証明しているように、家族連れにとってフードコートは「まず腰を落ち着ける場所」であり、家族の各々が別々の店舗に散っていったとしても、集合場所として機能しうる大事な場所なのです。

手軽な娯楽の提供場所であるアミューズメント施設と、居場所としてのフードコートが合体すれば、鬼に金棒ではないでしょうか。

格安運転代行サービスへの強いニーズ

マイルドヤンキーにとって、地元友達との集まりに顔を出すことはマストです。当然、夜の飲みが多くなってきますが、彼らが口をそろえて欲しいと主張するサービスが、飲んだ後に自分の代わりに車を運転して家まで帰ってくれる**格安の運転代行**です。

マイルドヤンキーは都心に出ない人が多いので、駅前よりは車でないと不便なような場所に集まることが多くなります。

そのため飲んだ後は、飲んでいないメンバーの誰かに送ってもらうか、家族に迎えに来てもらうしかありません（実際、地方のマイルドヤンキーたちのなかには、地元友達と飲むときに駅や店まで車で奥さんに送ってもらい、飲み終わったら迎えに来てもらうという流れが奥さんから恩に着せられて嫌だ、と言っている人が多数います）。無論、毎回タクシーに乗れるような余裕はありません。

もちろん現在でも運転代行サービスは存在しますが、料金が高いのがネック。ですので、プリペイドの回数券制にしたり、地元の飲み屋と提携して、その店からの利用については割引が適用されるといった価格訴求力をつければ、さらなる利用が見込まれそうです。

また、東京のマイルドヤンキーも、他の若者たちよりは車移動ニーズが強いので、ひょっとすると東京でも代行サービスのニーズが生まれる可能性があります。

代行ではなく、**格安大型タクシー**のニーズも多いようです。地元外での飲み会も増えつつあるという地元族女性によると、「帰宅する際にみんなで乗れるタクシーが欲しい」という話によくなるそうです。ただ、通常の大型タクシーは予約が面倒である上、料金が高いので乗れないとのことでした。

たとえば、深夜バスとタクシーの中間形態のようなサービスはいかがでしょうか。タクシー業者が「新宿↓八王子方面」「渋谷↓川崎方面」といった、行き先限定にしたり、別の友達グループとの相乗りOKにするなどして料金を安く設定すれば、利用者は増えるかもしれません。

マイルドヤンキー同士は近隣に住んでいるので、全員が近い場所で降車するわけです。当然、これもケータイでの簡単予約システムはマストでしょう。

また、地元で飲んで地元に帰る程度の近距離ならば、いっそ観光地にある自転車タクシーのような乗り物を、飲み屋の側が導入してもよいかもしれません。彼らが最も重視するのは乗り心地ではなく安さなのですから。

なお、各種サービスに関しては、中卒・高卒の社会人の地元族から「大学生には学割があっても、同い年の自分たちには割引がないので不公平」という声も挙がりました。中卒や高卒のマイルドヤンキー相手の商売をする場合、彼らにも特別な割引サービスを作ることなどに留意した方がよさそうです。

マイルドヤンキー向け新サービスいろいろ

マイルドヤンキーの行動傾向を踏まえた新商品・新サービスとしては、他にも以下のようなアイデアが若者研のメンバーから挙がってきました。

地元の人のみ参加できる地元開催の街コン

マイルドヤンキー同士は幼少期から同じコミュニティで育っているため、異性間の新しい出会いが少ないと言えます。同級生婚の多さはそれを端的に示すものですが、一方で近隣小・中学校の同級生で面識のない異性に出会う場は、もっとあっていいはずです。出身地域が近ければ共通の話題で盛り上がりますし、双方の友達ぐるみ、家族ぐるみの付き合いや、いざ結婚となった際にも、地元仲間の価値観が共有されているので、スムースに事が運びそうです。他のエリアでも活動し、他のエリアの友達もたくさんいる層を排した、地元が大好きで地元にこもる人たちのみが参加できる街コンがあってもいいように思います。

メモリアルグッズ

「弾丸」の彼らがバースデーメッセージを色紙にしたためていたように、仲間同士の絆をことあるごとに確認し合いたがるのがマイルドヤンキーです。だから、この絆を可視化したメモリアルグッズの特注制作にはニーズの予感があります。

名門校の同窓生がピンバッジや万年筆、腕時計などで愛校精神を何十年にもわたって維持し続けるのと同じく、ストラップや刻印付きのビールジョッキ、ライターなどは好まれそうです。

同級生割引

カラオケや居酒屋などに小中高の同級生グループで行くと割引が適用されれば、その店の利用率が上がりそうです。都心にもこういった店があれば、出不精なマイルドヤンキーを都心に引っ張り出す方策となりうるかもしれません。

友達への求人おすすめサービス

マイルドヤンキーは、極力地元に近いところで職に就き、地元友達と同じ職場で働くことを望んでいます。また、同世代のなかでは、相対的に、不安定な雇用状況にある人が多いという事実もあります。

自分が働いている、もしくは気に入った店舗の求人情報を友人にすすめてその友人が採用された場合、すすめた側に小遣いがもらえるアフィリエイトのようなシステムはいかがでしょう。ポイントは、見知らぬ他人からのおすすめではなく、見知った地元友達からのおすすめであるということです。ここには、転職サイトの口コミを遥かに超えた信頼度が生まれるのではないでしょうか。

友達の気になっている商品が見えるサービス

「地元友達からの評価がすべて」の世界で生きているマイルドヤンキーですから、ブランド品や小物といった自分の持ち物を仲間うちで評価されたいという心理を先回りしたもの。地元友達の太鼓判つきの商品なら、何よりも購入する動機となりうるはずです。

ワンストップ型の口座管理サービス

生活設計のために貯金をどれくらいすべきなのか、保険・年金などの出費や仕組みはどのようになっているのか、これらの知識に乏しい傾向が強いマイルドヤンキー向けに、銀行が預貯金口座や給与振込などもすべて一元管理してくれるサービスです。選択肢が多すぎるのは苦痛であるというマイルドヤンキーの性向を汲んだものとして、これから家族を形成していく彼らには喜ばれそうです。

限度額が低いクレジットカード

「カードを持ったら際限なく使ってしまいそうで怖い」という地元族は結構います。自制に自信がない彼ら向けに、プリペイドカードや限度額を数万円に下げたカード、平日夜限定で使えるカードなど、自由度が低いことによって安心して使えるクレジットカードがあれば、意外と流行るかもしれません。

望むのは何よりも「安定」

「結婚したら欲しくなるであろうもの」を尋ねたところ、ある21歳の地元族女性（営業職と水商売をかけもち）は、「結婚したら〝平凡な幸せ〟が欲しい」と真っ先に答えました。ある22歳の女性ショップ店員も、「結婚後に欲しいものは〝安定した幸せな生活〟」と答えました。他に「毎日明るく過ごしたい」という回答もありました。

質問の意図としては、具体的に欲しいモノやサービスを答えてほしかったのですが、このように不定形なものを欲しいと答える地元族は、彼女たちだけではありません。

実は21歳の彼女の家は両親の仲が悪く、双方の浮気も頻繁、彼女は幼い頃から辟易《へきえき》していたそうです。だから自分は、旦那さんのことが大好きな妻でありたいし、悩みや辛いことがあっても乗り越えられる「家族愛」が一番大切で、一番欲しいものなのだと語気を強めていました。

残存ヤンキーや地元族の家庭だけに限ったことではありませんが、一般家庭の離婚率は上昇の一途をたどっています。昔と違って離婚の自由度が上がったとも取れますし、彼らの親世代（現在50代の「しらけ世代」）に特有の、強い個人主義的傾向がそうさせるのかもしれません。とにかくマイルドヤンキー世代の親たちは、数十年前に比べれば明らかに、子供の目をはばかることなく自分たちの不仲を顕在化させているようです。

第2章で、不景気で親が参っている姿を子供（＝マイルドヤンキー世代）は見ている、と書きましたが、それに加えて家庭がうまくいっていない場合、子供たちが成長して「欲しいものは家族の絆」と即答するのは、至極当然のことと言えるでしょう。

地続きで平穏な日々のための消費

昔のヤンキーに比べれば「現実的」であると言えるマイルドヤンキーの消費傾向をもう少し掘り下げて考えてみると、そこには、本章に登場した「既知のものしか欲しいと思わない」傾向にたどりつきます。

「旅行したい場所、行きたいところはよく知っている場所」はその典型。彼らは知らないことを努力して知ろうとはしません。頑《かたく》なに、現在知っているもののなかから選択しようとします。

ＩＴが国内で急速に発展したゼロ年代に最も多感な10代を過ごしていながら、また、無料でネット検索できる環境が物心ついたときから整っていながら、彼らに未知のことを調べようという意欲、知的好奇心のようなものはそれほどありません。ＰＣを使わずケータイですべて事足りると主張する人が多い（そしてケータイでの検索もあまりしない）ことからも、それはうかがえます。

彼らにとって選択肢が多いことは苦痛でしかなく、だからこそ、数は少ないながらも密なつながりを持つ地元の友達同士で、深い絆を育むのでしょう。「いつメン」以上に人間関係を広げたがらないのは、そのためです。

「知らないものは、欲しがらない、欲しがれない」。それがマイルドヤンキーの本質と言えるでしょう。

ただ、進取の気性がないからと言って、彼らが未来に対して夢も見られないとか、絶望を感じているかというと、そうではありません。言い方が難しいのですが、過剰な希望も過剰な絶望も抱いていないというのが、正確なところでしょう。

彼らは、今まで抱いてきた既知の価値観を、ことさらエネルギーを消費して変えることなく、極力手間をかけず、さりとて現在の生活水準を下げることもなく、これからも生きていきたいと願っています。大切なのは、今と地続きの生活が明日以降も平穏無事に続いていくことです。

だから彼らが望む消費は、かつての若者たちがそうだったような、「今の自分を変革し、高いステージに上るための消費」ではなく、「現状維持を続けるための消費」です。このことを念頭に置けば、彼らのニーズを汲んだ商品やサービスの開発は、きっと成功するはずです。

特別収録
東京都北区の残存ヤンキーに聞く

今のヤンキーは安定志向

本書の執筆にあたり、14ページで言及した、私の小学校時代の同級生である元ヤンキーのK君（36歳、東京都北区在住）に、自らの〝舎弟〟を含む幅広い年齢層の残存ヤンキーを11名集めてもらい、話を聞きました。年齢は19歳から27歳まで。皆、東京都北部もしくは埼玉県南部に住んでいます。

さまざまな年齢層とのネットワークを持つK君ですが、コネクションは大きく分けて二つあります。

一つめは、バイクツーリング仲間。俗に言う「旧車會《きゅうしゃかい》」メンバーです。旧車會とい

K君が集めてくれた、東京都北区近辺の残存ヤンキー集団

ダイチ（20歳・男）	商業高校を卒業後、都内の大学の二部に通う１年生。３年以上付き合っているという彼女は美容師の専門学校生。
タツヒサ（19歳・男）	とび職と居酒屋のバイトをかけもち中。通信制高校に在籍している。
ナオト（19歳・男）	Ｋ君が経営するアパレル会社の従業員。高校２年の夏休み、公園でタバコを吸っていたため１ヵ月間で40回も補導された。
ケンタ（20歳・男）	都内の大学生。キックボクシングサークルに入っている。
カズオ（19歳・男）	自動車整備の専門学校生だが、最近は車に興味がなくなってきてしまったとのこと。4、5ヵ月間、彼女なし。
マミ（19歳・女）	居酒屋のバイト。美容師学校に通っていたが単位が足りなくて除籍になった。ヒロシの彼女で、彼の仕事を少し手伝っている。
ヒロシ（27歳・男）	自営でバイク屋を経営する。マミの彼氏。高校１年で学校をやめている。
マサキ（24歳・男）	ヒロシのバイク屋の従業員。高校１年で学校をやめ、派遣社員で工場勤務。のちに大検を取得して大学に進学したという経歴の持ち主。
セイジ（20歳・男）	塗装業。高校２年で学校をやめている。
サリナ（20歳・女）	カリナの双子の姉。靴屋に勤務。かつては幼馴染みで内装業の同級生と付き合っていた。
カリナ（20歳・女）	サリナの双子の妹。パチンコ屋に勤務。高校時代に年上の不動産業者と付き合っていた。西日暮里のキャバクラで姉妹一緒の体験入店時、Ｋ君と知り合う。

＊名前は仮名

うのは、1970~80年代に製造されたバイク（旧車）に改造を施すなどして、集団で走行する集まりのことです。構成メンバーは元暴走族の大人であることが多いとされていますが、実際はバイク好きな若者も多く所属しています。

二つめは、K君の地元友達です。基本的には中学校時代の不良の先輩や同学年の友達、近辺の中学校の不良の友達が多いのですが、K君と在学していた時期が違っても、K君の後輩がその後輩を飲み会に連れてきて……といったことを繰り返しているうちに、36歳の彼が19歳の若者とつながるまでになるなど、広範な年齢層のネットワークができあがったのです。

皆、見た目には、いかにもバリバリのヤンキー、という感じではありません。男性のなかには口ヒゲを生やしていたり、長い髪を結わえたりしている人もいましたが、少なくとも見た目には普通の若者の範疇と言えます。マサキに至ってはデザイン性の高い黒縁眼鏡をかけており、ヤンキー感は皆無です。

一方、三名いる女性は、いずれも髪の色が非常に明るいロングヘアーで、メイクもギャルっぽく、若干の「悪さ」を感じさせるルックスでした。

彼らに「30歳のときに何をしていると思うか」という質問を投げかけてみると、何人か交じっている学生からは、具体的な職業が挙がってきました。ダイチは白バイ警官志望、ケンタは中小企業の財務管理希望、カズオは「車のディーラーに勤めたい」そうです。資格が必要とされる職業や大手企業の傘下にあるディーラーが挙がっていることから、彼らが相当な安定志向であることがわかります。

すでに職に就いている人たちにも同じように聞いてみると、「今と同じ仕事をしていると思う」。また現在、フリーターの人は、希望的観測も交えつつ「普通のサラリーマンをしている」との回答が多数派でした。

なかにはセイジのように「大金持ちになって遊んでいたい」という昔のようなビッグマウス発言もありましたが、彼だけが特殊でした。多くは「趣味は今と同様にバイク、地元で結婚して子供がいるのでは」という、現在と地続きのライフスタイルを未来に望んでいることがわかりました。

欲しい金額は30万円〜7億円

ここからは、彼らとのやり取りです。皆、初対面にもかかわらず、率直に答えてくれました。これもK君の人徳のせいかもしれません。

原田　今、一番欲しいものって何？
ダイチ　お金ですね。
原田　現実的に、いくらあればハッピーになれるの？
ダイチ　100万円かな。自分で払ってる大学の学費を全部払って、四輪の免許費用に充てます。
原田　けっこう堅実だね。
マミ　バイクの免許とお金が欲しいです。
原田　いくらくらい？
マミ　今すぐ手元に欲しいのは30万円くらい。
原田　教習所代ってことだね。なんだか身の丈な金額だなぁ。

セイジ　月に1000万円欲しいです。
サリナ　私はキャッシュで7億円。
原田　今度は大きく出たね。でも、どうせなら10億円にしちゃえばいいのに、なんで7億円なの？
サリナ　わかんない。宝くじみたいだし（笑）。新しい家で一人暮らしして、死ぬまで働かなくて済むようになりたいです。
原田　全体的にはものすごく現実的な回答をする人が多いけれども、ごく一部、昔のヤンキーみたいにでっかい夢を描く人もいるんだね。

希望の年収は無理のない範囲

原田　みんなは30歳のときに、いくらもらっていたい？
ナオト　普通のサラリーマンくらいあればいいです。
原田　普通のサラリーマンくらいって？
ナオト　年収500万円とか。

原田　ちょっと謙虚だね。
ナオト　多いに越したことはないですけど、月に20万円から25万円もあれば。
原田　ダイチは警官志望だよね。月にいくらぐらいもらっていたい？
ダイチ　30万円くらいだと思います。
原田　現実的だ。
マサキ　今まで育ってきた生活水準以上がかなえられるくらいは、欲しいです。
原田　それっていくらくらい？
マサキ　月に40万円から50万円ですかね。
原田　おそらく昔のヤンキーはもっとでっかい金額を口にしていたように思うけど、君たちは本当に現実的だなぁ。日本が成長社会から成熟社会になって、「親からもらった生活レベルを落とさない」というところに力点が置かれてるのかもしれないね。

地元に来てくれる結婚相手が欲しい

原田　みんなは欲しいものとかあるのかな?

タツヒサ　新しいバイクが欲しいです。ホンダのCBXとか。

ナオト　金と女と、誰にも物を言わせないだけの権力が欲しいです。

原田　君は昔のヤンキーみたいに壮大でわかりやすいね。

ナオト　あと、イタリアに行きたい。

原田　なんでイタリアなの?

ナオト　なんとなく……きれいな街が見たいなって。

マサキ　あの、僕は……結婚相手が欲しいです。

原田　マサキ君はまだ24歳だよね。もう結婚したいんだ?

マサキ　実家が静岡なんですけど、実家に一緒に来てくれる人が希望です。僕がそこに住まないと、誰も住む人間がいなくなっちゃうんで。

原田　地元愛が強いね。せっかく東京に出てきたのに、そして、退職後の高齢者でもなく、まだ若いのに、地元に戻りたいんだ。

セイジ　あ、俺も金髪ギャルと結婚したいです!

原田　君らの間ではやっぱりギャルがモテるんだね。

バイクは特定車種に人気集中

原田　ここにいる人たちの半分くらいはK君の旧車會つながりだから、バイク好きなんだよね？
ダイチ　タツヒサ、ナオト　俺、三人ともホンダのホークに乗ってます。
原田　１９７０年代のモデルだね。
タツヒサ　Kさんにすすめられて乗るようになりました。
原田　いくらくらいするものなの？
ダイチ　今は売ってないけど、俺は40万円で買いました。
原田　けっこうするんだ。じゃあ、将来的にこれに乗りたいなってバイクはある？
ダイチ　ヤマハのXJR１３００です。
原田　すごく高いの？

ダイチ　100万円ちょいくらいかな。
原田　バイク屋で働いているマサキ君は何に乗ってるの?
マサキ　いっぱい乗ってますけど、一番のお気に入りはホンダのCBXですね。
原田　バイク屋をやってるヒロシ君は?
ヒロシ　商売柄、欲しいバイクはほとんど買っちゃったんですけど、一番のお気に入りはやっぱりホンダのCBXですね。

憧れの高級外車とミニバン

原田　みんな、車はどうかしら?
ヒロシ　俺、車も乗ってますよ。メルセデス・ベンツS500とトヨタのヴィッツ。
原田　ずいぶん両極端だね。大きな高級外車と国産コンパクトカー。
ヒロシ　あとはトヨタのハイエース。
原田　それは仕事用?
ヒロシ　プライベート用です。バイクを積むんですよ。

セイジ　日産のシーマに乗ってます。
原田　いくらでしたか？
セイジ　それはちょっと、この場では気まずいので……。
原田　気になるなあ。まあ、いいか。これから乗りたい車ってある？
ヒロシ　ポルシェかな。
マサキ　メルセデス・ベンツCLS。
セイジ　レクサスLSですね。
原田　高級車が好きなんだね。
タツヒサ　今は乗ってませんけど、結婚して30歳くらいになったら絶対にミニバンに乗ると思います。希望はトヨタのアルファード。
カズオ　僕も、もう少し年を取ったらアルファードですね。
サリナ　うちのお父さんの車もアルファード。たまに借りて友達とショッピングモールに行ったりしますよ。

今、暴走族は存在しない?

ここからは会を企画してくれたK君に、自身のヒストリーを交えつつ語ってもらいました。

原田 よくこれだけ幅広い年齢とエリアの若者を集められたよね。僕とKちゃんは同級生で36歳、もう立派なおっさんなのに、今回集めてくれたのが19歳から27歳。住んでるところも県をまたいだりしてる。これだけ集められるネットワーク力と人望がすごい。

K君 うん。本気で呼べばもっと集まるよ。でもそれぞれがつながってるわけじゃなくて、バイク仲間の旧車會と地元つながりの飲み仲間は、普段は別のグループね。今回は一緒にしちゃったけど。

原田 その旧車會なんだけど、Kちゃんも高卒で元暴走族なんだよね? 僕は小学校6年生のときに転校しちゃったから、その後のKちゃんを知らないんだけど。

K君　そう。暴走族は16歳くらいからやってたね。中学でそういうのが載ってる雑誌を見て憧れてさ。しかも仲の良い先輩も暴走族だし。それでああなりたいなって。

原田　今日集めてくれた、旧車會に入っている若い子たちはバイク好きだね。

K君　でも、暴走族ではないよ。

原田　旧車會って暴走はしないの?

K君　あまりしないよ。ヘルメットもちゃんとかぶるし、ある程度、おまわりさんから言われたルールを守ってやってる。

原田　暴走族は消滅したの?

K君　埼玉の方や、都内にもチラホラは残ってるけど、ほとんどなくなっちゃった。

原田　なんでなくなっちゃったのかな?

K君　若い奴らに聞くと、暴走族は怖いから嫌だって言うんだよ。たしかに俺らの頃は、旧車會と違って組織の規律も厳しかったしね。27歳のヒロシ、こいつがちょうど最後の暴走族あたりで、入れ替わりの世代だね。

ヒロシ　そうですね。俺が17か18のときです。暴走族をやるか、旧車會をやるかみたいな選択肢ができてました。その後、旧車會がメインになって暴走族が消えたという印象です。

今のヤンキーはオシャレな不良

原田　今の「ヤンキー」について聞きたいんだけど？

K君　俺の感覚だと、今、ヤンキーはいないよ。若い奴らが言うヤンキーと、俺らの世代が言うヤンキーは、ぜんぜん違うね。

原田　へえ。どう違うの？

K君　俺らが思い浮かべるヤンキーって、頭はパンチパーマだったりリーゼントだったりで、服はヤンキー服でしょ。ボンタンとか特攻服とか。でも若い奴らの言うヤンキーって、悪羅悪羅系なんだよね。

原田　EXILEみたいなファッションのことかな？

K君　そうそう。ひとくくりにすれば「不良」って言うのかもしれないけど、でもそれは俺らから見たら、明らかにヤンキーじゃない。

原田　ちょっと悪そうではあるけど、オシャレだもんね。昔の特攻服はオシャレじゃなかったもんね。

K君　そうそう。それと、なんて言うか、今の奴は、悪いことに間《あいだ》がない。

原田　間？

K君　俺らの頃だと、シンナーを売るとか覚醒剤を売るとか、そういったこずるいことをやってる奴がいたけど、今はそういう段階をすっ飛ばしていきなり詐欺を働いちゃう。

原田　ヤンキーが二極化してるのかな。ものすごく悪いのと、おとなしい子に。変な言い方だけど、暴走族がいると悪いことが減るんだよ。暴走族が一軍だとすると、二軍、三軍の不良は、一軍が怖いからそこまで悪いことができなかった。今は一軍の暴走族がいないから、二軍、三軍が遠慮なく悪いことをしちゃってる。

ヒロシ　昔は悪さにも秩序があったんすね。

K君　おまわりさんも冗談で言ってたよ。「暴走族は本当はあった方がいいんだ。もう1回暴走族やってくれ」って（笑）。30過ぎて、さすがに俺は無理だけど。でも、昔みたいに怖い人が駅前に立ってないから、すごく悪いことする奴が増えたってのはあるみたい。

埋められないジェネレーションギャップ

K君　こうして集まってる今の若い奴らの常識が、俺らの常識とまったく違うんだよ。こっちが言ってることを、理解してるようで理解してない。反発もしてこないんだけど、のれんに腕押しみたいな感じ。返事はするんだけどね。「はい、すみません」って。

原田　Kちゃんの頃のヤンキーは違った？

K君　俺らのときは、やっぱり心の底から理解してたと思うんだよ。先輩の教えだから、「そうなんだ、気をつけよう」って無条件に従う。ぶん殴られたり、蹴飛ばされたり、焼き入れられたりもしてたしね。

原田　今の子は、そういう上からの暴力や圧力を経験してないのかな？

K君　してないね。それに、こっちが本気で怒っちゃったら、家から出てこられなくなる奴が何人もいるよ。精神的にものすごく弱いんだよね、今の子は。

原田　他にジェネレーションギャップを感じることってあるの？

K君　俺らの世代だと、未だに4つ上の先輩から電話がかかってきて、「お前、今ちょっと来い」なんて言われたら、どんな用事があっても「あ、わかりました」ってなるんだけど、今の若い奴ら、そういうの嫌がるからね。

原田　どう断ってくるの？

ヒロシ　「行けないっす」「今日、寝てないんで」「明日朝から仕事で」「バイトっす」

K君　「今日」っていうか、「今日も」なんだけど。お前ら、いつもじゃねえかと。あとそうだ、『ビー・バップ・ハイスクール』をいくら読めって言っても読まないもんな。

ヒロシ　俺、読んだんですけど、何をそんなに騒いでるんだろうって（笑）。
K君　あんな傑作を？　超面白いじゃん。
ヒロシ　いや－、俺らリアルにああいう人たちを見たことがないから、よくわかんないんですよ、たぶん。
K君　じゃあ『ろくでなしBLUES』はどうなの？
ヒロシ　ろくブルっすか？　まあ、面白くないです（笑）。
K君　何が面白くないの？
ヒロシ　実感が湧かないんですよ。あんな髪型の奴ら、今、いないですし。リーゼントとか、パンチパーマとか、ちょっと剃り込み入ってたりとか。
原田　『クローズZERO』は今の漫画だけど？
ヒロシ　面白いですけど、やっぱ、今、あんなのありえないだろうって思っちゃいます。
原田　昔ながらのヤンキー漫画はもうダメってこと？
ヒロシ　そう、ダメ。

K君　ほら、原さん（原田）にタメロ！　そういうこと平気でするんだよ、こいつら。

ヒロシ　すいません。たまに、なんか言っちゃうんです。

K君　会話中に突然タメロになって、「あ、すみません」とか言うもんね。俺らの頃じゃ考えられないよ、ボコボコにされて終わりよ……。

あとがき

日本がバブルの真っ最中であった80年代後半。当時、中学生だった私が、父親の転勤で家族で滞在していたオーストラリアのシドニーから、家族旅行でイタリアのベネチアを訪れたときの思い出話です。

ゴンドラに乗って観光地巡りをしているときに、ふとゴンドラを漕いでいる青年を見て、当時の私は疑問を抱きました。

ゴンドラは毎日同じ決まったルートを行き来している。まだ若い青年が、同じように続く毎日に退屈を感じていないんだろうか？　この仕事が楽しいんだろうか？

今から考えると、中学生のくせに大変なマセガキだったように思いますが、疑問を感じると尋ねずにはいられない性格なので、商社に勤めていた父親の通訳を介して、彼にこの疑問をぶつけてみました。

すると青年は、何でそんなくだらないことを聞くんだよ、といった風に、

「すごく幸せに決まってるじゃないか。僕のおじいちゃんもお父さんも同じ仕事をしていたんだよ」

と笑顔で答えました。しかし私はまったく腑に落ちず、彼の言葉は、後々まで私の胸に強く残り続けました。

今にして思うと、もともと階級社会である上に、当時、日本より先にすでに低成長経済の成熟ステージに突入していたヨーロッパ社会（ただし、08年以降はリーマン・ショックで低成長さえなくなった）で生きるゴンドラ漕ぎ青年の気持ちが、私には理解できなかったのだと思います。

中学生のくせに親父のバブルを少しだけ擬似体験していた当時の私にとって、日本の経済成長はこのままずっと続いていくもので、息子が祖父や父親を地位や収入で超えるのは当たり前であるはず。それなのに、祖父や父親と同じ地味な仕事に就き、ただただ毎日同じルートで同じ日常を過ごすのが楽しいと言う青年の気持ちは、到底理解できるものではなかったのです。

あれから20年以上経ち、日本もヨーロッパと同じように階層化が進み、成熟経済・低成長ステージに入りました。まさか自分が就職氷河期を経験し、「ロスジェネ（ロストジェネレーション）」などという世代呼称で呼ばれるようになることなど、微塵も想像していませんでした。

こうした経済・社会情勢を背景に、当時のベネチアのゴンドラ漕ぎ青年に近いメンタリティや価値観を持ったマイルドヤンキーが、日本に生まれました。

大幅な経済成長が見込めない、閉塞した世の中に育ったマイルドヤンキーたちは、経済成長ステージを享受した親の地位や収入を超える、大金を稼ぐ、有名になる、都会に出る、などといった大きな夢は抱かず、この閉塞感漂う社会に怒りや憤りをぶつけることもあまりせず、ただ生まれ育った5㎞四方の地元で、竹馬の友と、「永遠に続く日常」を夢見るようになっています。

上の世代が、こうした「中学時代と地続きの生活」を送るマイルドヤンキーを見ると、「上昇志向を持てない社会に生まれてかわいそう」「彼らはきっと不幸に違いない」とついつい同情してしまいがちです。

しかし、第1章で紹介した兵庫県高砂市に住む夫婦は、現時点での満足度が非常に高い上に、「給料が5万円上がれば、生活満足度が100点になる」と発言していました。ゴンドラ漕ぎの青年が、自身のことを「すごく幸せ」と表現していたように、今回の一連の調査からも、マイルドヤンキーたちが、相対的にある程度の幸福感や満足感を覚えていることもわかりました。

成熟社会における「変化」とは、ややもすれば「下降」を意味します。彼らは生活が「上昇」していくことではなく、まるであのゴンドラの青年のように、生活が「変化しない」ことに満足感を得るようになっているのです。

こうしたマイルドヤンキーたちの価値観には、我々上の世代が、今後、成熟社会である日本で生きる上でのヒントが隠されています。

GDPに換算される経済的な豊かさを絶対視し、地元を捨て、地縁を捨て、血縁を捨ててきたこれまでの日本人。対して、地元や地縁や血縁を拾い直しているマイルドヤンキーたちの「地続きの生活」は、戦後、日本人が捨ててきた「本来の日本人の生活」を取り戻した生き方だ、と言うことができるでしょう。今後の日本社会への一つの示唆となりうるかもしれません。

いずれにせよ、若者が消費しないと言われるなかで、マイルドヤンキーたちは消費意欲を持った案外「優良な若年消費者」であり、未来の日本経済は、「（マイルド）ヤンキー経済」が牽引していくだろう、ということがこの本の一番のメッセージです。

この本が、成熟社会型の若者たちの価値観やライフスタイルを知り、成熟社会の成熟市場におけるさまざまな企業のマーケティング活動に、少しでもお役に立てることを願っています。


最後に。いつも温かくご指導くださっている博報堂の藤井慶太様をはじめとする広報室の皆様、宮澤正憲局長をはじめとするチームメイトの博報堂コンサル局の皆様。度重なる海外出張でなかなかスケジュールがとれない私のわがままにお付き合いくださった編集者の前田様、構成の稲田様。通常のマーケティング調査では、なかなかリクルーティングの網に引っ掛かってこないマイルドヤンキーたちを、自身の友達ネットワークから集めてくれた若者研の現場研究員の皆様、そして何より、インタビューや家庭訪問調査に応じてくれた全国のマイルドヤンキーの皆様に心より御礼申し上げます。

この本を手掛かりに、消費をしなくなったと言われる若者たちの消費のツボが、より多くの企業の皆様にいくばくかでも届いてくれることを願っています。

博報堂ブランドデザイン若者研究所
『ヤンキー経済』プロジェクトメンバー

東星羅／池田みなみ／池永慧／稲垣克哉／梅田一平／大関沙織／大塚真妃／小木曽詢／片桐優太／近藤理紗／佐藤鴻／佐野美里／塩田修大／新藤正裕／鈴木悠河／瀬戸志織／田中由貴子／中村真子／平塚良知／福島大貴／古林拓実／増田千瑛／松井由季／矢澤佑紀子

著者略歴

原田曜平《はらだようへい》

一九七七年東京都生まれ。
慶應義塾大学卒業後、(株)博報堂入社。
ストラテジックプランニング局、博報堂生活総合研究所、研究開発局を経て、
現在、博報堂ブランドデザイン若者研究所リーダー。
多摩大学非常勤講師。
二〇〇三年JAAA広告賞・新人部門賞を受賞。
専門は若者研究で、日本およびアジア各国で若者への
マーケティングや若者向け商品開発を行っている。
著書に『近頃の若者はなぜダメなのか』『さとり世代』などがある。